GUIDE DE SURVIE DES JEUNES RETRAITÉS

DANS LA MÊME COLLECTION

Guide de survie du jeune papa, Laurent Moreau
Guide de survie de la jeune maman, Marie Thuillier
Guide de survie en open-space, Pétronille
Guide de survie des jeunes grands-parents, Marie Thuillier, Marie-Pascale et Hervé Anseaume

Maquette : Patrick Leleux PAO
Illustrations : Pacco

17, rue du Regard
75006 Paris – France
ISBN : 978-2-36704-114-8

MARIE-PASCALE ET HERVÉ ANSEAUME

GUIDE DE SURVIE DES JEUNES RETRAITÉS

TUT-TUT

SOMMAIRE

LE MONDE DES RETRAITÉS : GÉNÉRALITÉS

32 CLICHÉS sur les retraités

On ne manquera pas de revenir tout au long de l'ouvrage sur ce mal du siècle qui consiste à prendre les retraités pour des vieux cons, mais en guise de mise en bouche, découvrez ces trente-deux légendes urbaines qui leur collent à la peau.

1. Ils sont vieux. Et en sale état.
2. Normal, ils s'apprêtent à fêter leurs quatre-vingts ans (de mariage)
3. Leurs parents sont morts pendant la guerre de 14-18.
4. Ils adorent les bretelles, les pulls qui grattent, les gaines, les slips kangourou, les pantoufles, les bas de contention, les casquettes, les claquettes Scholl en bois et les chariots à roulettes écossais.
5. Ils disent « pantoufles », mais aussi « tricot », « pardessus », « tantôt », « auto », « faire de l'essence ».
6. Ils pensent forcément que « ce n'est plus ce que c'était ». Alors que si, en fait.
7. Une fois à la retraite, ils deviennent très méchants. Ils prennent leur carte du FN sur un coup de tête, se mettent à détester les jeunes et à faire des croche-pieds à ceux qui sont un peu plus vieux qu'eux.
8. Certains d'entre eux deviennent au contraire très gentils, avec des yeux tout doux et humides, et beaucoup de volonté pour venir en aide aux plus démunis.
9. Ils sont toujours là pour leurs petits-enfants, et délaissent volontiers les plus démunis pour une partie de billes.

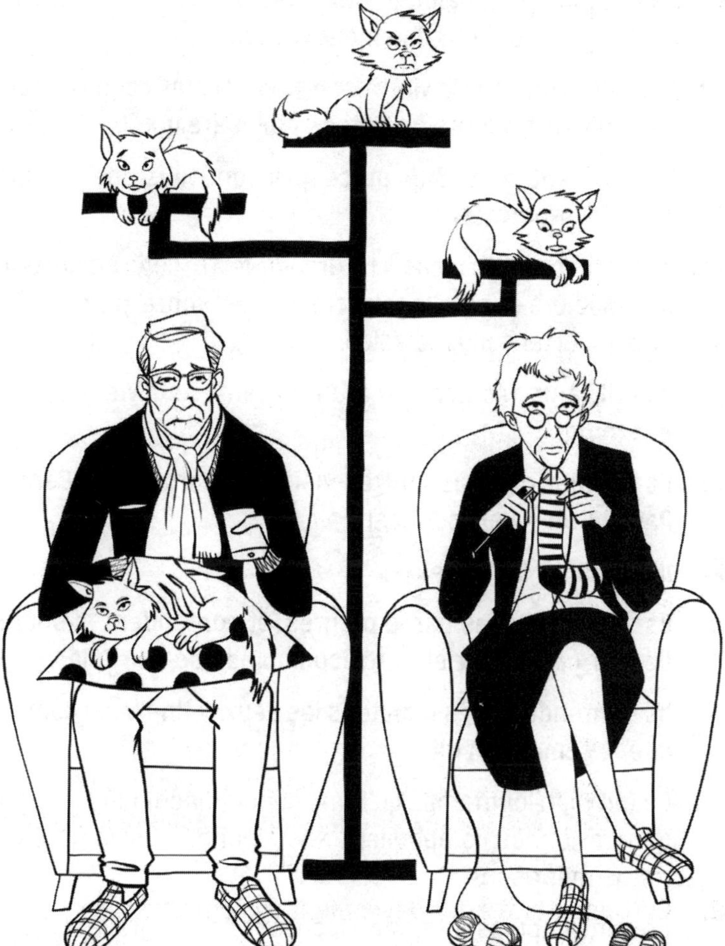

10. D'ailleurs, ils ont toujours des petits-enfants (ou alors un gros problème psychologique).

11. Ils ont mauvaise haleine, des dents jaunes et en mauvais état, si par bonheur ils en ont encore.

12. Leur passion dans la vie, c'est d'empester les cages d'escalier avec des odeurs de potage aux poireaux.

13. Ils voyagent beaucoup, parce qu'ils ont tous une retraite qui le leur permet.

14. Ils partent en vacances à La Grande-Motte l'été, emportent une glacière sur la plage et restent à l'ombre, parce qu'ils ne supportent plus le soleil.

15. Ils ont, à un moment ou à un autre de leur vie, travaillé à la mine.

16. Ils portent des casquettes visières, marquées « Center Parcs » ou « Pernod-Ricard ».

17. Ils dînent à 18 heures.

18. Ils sont dépassés par le progrès, et confondent la souris de leur ordinateur et la télécommande de leur télé.

19. Ils s'entendent très bien tous les deux. « Une belle complicité », comme on dit.

20. Ça fait bien longtemps qu'ils ne comprennent plus la jeune génération, qu'ils appellent « les jeunes » avec un petit rictus méprisant.

21. Ils sont impuissants, mais ce n'est pas si grave, ce soir de toute façon ils ont bridge.

22. Ils sont en couple, forcément. Avec la personne qu'ils ont épousée à leurs vingt ans, évidemment.

23. Avec leur moitié, ils sont tous les deux à la retraite le même jour à la même heure.

24. Ils ont la main verte et adorent les géraniums.

25. Leur rêve, c'est de partir en croisière.

26. Tous leurs amis sont retraités.

27. Ils ont une maison de vacances, dans laquelle se retrouve une tribu joyeuse et bruyante.

28. Ils boivent du thé.

29. Ils ont mal aux articulations et disent en se levant « Oh la la, je rouille » ou « À nos âges, les raideurs se déplacent », pour les plus audacieux.

30. Ils offrent des « chandails » qui grattent.

31. Ils font leurs courses et vont à la Poste aux heures de pointe, mais pas parce qu'ils avaient d'autres choses à faire dans la journée, UNIQUEMENT POUR FAIRE CHIER les autres.

32. Ils sont vraiment ravis d'arrêter enfin de travailler et courent à la retraite en faisant des entrechats de bonheur.

10 COMPARAISONS pour bien comprendre ce qu'est la retraite

Pour vous aider à vous faire une idée, être à la retraite c'est bon comme…

1. Enlever des chaussures qui nous serraient depuis plusieurs décennies.
2. Trouver un médicament miracle contre une rage de dents au moment où on s'apprête à les arracher une par une avec une clé à molette.
3. Un vendredi soir qui dure toute la vie.
4. Des grandes vacances sans devoirs de vacances.
5. Recevoir une péridurale après quarante ans de contractions.
6. Faire pipi après quarante ans d'embouteillages.
7. Retrouver sa carte bleue juste avant de faire opposition.
8. Avoir une bouteille d'eau à portée de main quand on se réveille la nuit après une cuite.
9. Se masturber par inadvertance en public et se rendre compte qu'il s'agissait juste d'un cauchemar.
10. Sortir d'une réunion importante et chiante qui a duré quarante ans.

14 TRADUCTIONS de l'expression « être à la retraite »

C'est cadeau : la liste à apprendre par cœur pour pouvoir vous présenter et engager la conversation dans tous les coins du monde.

1. **Anglais** : to be retired
2. **Espagnol** : estar a la jubilación (jubilation, jubilation, faut le dire vite)
3. **Italien** : essere al momento del pensionamento
4. **Allemand** : werden in den Ruhestand
5. **Arabe** : تكون على التقاعد
6. **Albanais** : të jetë në pension (toi-mëme)
7. **Chinois** : 是在退休
8. **Hébreu** : השירפבתויהל
9. **Bulgare** : да бъде най- пенсиониране
10. **Basque** : erretiro egon
11. **Bosniaque** : biti u penziju
12. **Japonais** : 退職であること
13. **Turc** : emeklilik olmak
14. **Biélorusse** : пры выхадзе на пенсію будзе (comme ça se prononce)

LES 10 MÉTIERS qu'exercent tous les retraités

Ils quittent un travail payé pour en retrouver dix non rémunérés. La preuve.

1. **Guide touristique :** Parce qu'on attend toujours d'un retraité qu'il connaisse sa ville comme sa poche, et soit en mesure de la faire visiter aux invités de passage.
2. **Critique cinéma :** Maintenant, non seulement ils ont le temps d'aller au cinéma, mais en plus ils en parlent pendant les trois jours qui suivent.
3. **Baby-sitter**, disponible jour et nuit à tarif avantageux (un dessin de l'enfant).
4. **Pet-sitter :** La même chose avec les animaux domestiques des autres, qui présentent par rapport aux enfants l'inconvénient de sentir mauvais, mais l'avantage de ne pas pouvoir raconter à leurs parents ce que vous avez fait (ou pas fait).
5. **Banquier** spécialisé dans les prêts mobiliers, immobiliers, à la consommation et touristiques, le tout à taux imbattables.
6. **Chauffeur**, pour aller chercher Untel à l'aéroport à 5 heures, parce que « tu peux te recoucher après, de toute façon ».
7. **Commentateur sportif :** À force de regarder des émissions sportives, on finit par avoir quelques automatismes.
8. **Plombier, peintre, électricien et monteur de meubles Ikéa**, parce qu'on a tous un ami qui a un ami qui a un ami qui fait des travaux, et qui pense que l'ami de leur ami de

leur ami qui est à la retraite pourrait peut-être lui filer un coup de main.

9. **Garde-malade**, pour s'occuper de leurs parents vieillissants.
10. **Chef de projet événementiel**, chargé – parce qu'il n'a que ça à foutre – d'organiser les réunions familiales et amicales et de nourrir tout ce petit monde.

11 CITATIONS sur le travail

1. *À la télé ils disent tous les jours : « Y a trois millions de personnes qui veulent du travail. » C'est pas vrai : de l'argent leur suffirait.*

   Coluche

2. *Choisissez un travail que vous aimez et vous n'aurez pas à travailler un seul jour de votre vie.*

   Confucius

3. *Le travail éloigne de nous trois grands maux : l'ennui, le vice et le besoin.*

   Voltaire

4. *Je n'aime pas le travail, nul ne l'aime ; mais j'aime ce qui est dans le travail l'occasion de se découvrir soi-même.*

   Joseph Conrad

5. *Le pire écart de salaire, c'est un mois entre deux paies.*

   Jean-Marie Gourio

6. *Le travail acharné n'est que le refuge des gens qui n'ont rien d'autre à faire.*

   Oscar Wilde

7. *Tout bien vérifié, travailler est moins ennuyeux que s'amuser.*

   Charles Baudelaire

8. *Le travail est l'opium du peuple et je ne veux pas mourir drogué.*

   Boris Vian

9. *Je lui demandai pourquoi il s'était fait prêtre, et il me répondit que si l'on est obligé de travailler, un patron absent est l'idéal.*

Jeanette Winterson

10. *J'aime le travail : il me fascine. Je peux rester des heures à le regarder.*

Jerome K. Jerome

11. *Si l'on veut gagner sa vie, il suffit de travailler. Si l'on veut devenir riche, il faut trouver autre chose.*

Alphonse Karr

11 CITATIONS sur la retraite

1. *Le talent se développe dans la retraite ; le caractère se forme dans le tumulte du monde.*

   Johann Wolfgang von Goethe

2. *Les politiciens battent souvent en retraite mais ne la prennent jamais.*

   Yvan Audouard

3. *L'incohérent prend sa retraite en se mariant ou en attrapant un rhumatisme.*

   Alphonse Allais

4. *Pour certains, la mise à la retraite est plus cruelle que la mort d'un être cher.*

   Jacques de Bourbon-Busset

5. *Pour la retraite, la plume est moins utile que la tondeuse à gazon.*

   Daniel Pennac

6. *Le retraité est, comme le bouilleur de cru, un personnage éminemment français.*

   Albert Thibaudet

7. *J'ai fait hier un gala dans une maison de retraite, j'ai eu un mal fou à les dérider.*

   Pierre Doris

8. *La retraite, qu'est-ce que c'est, sinon la permission officielle de rouiller.*

   Janine Boissard

9. *En somme, les bourdons sont un peu comme nos inactifs (chômeurs, retraités, étudiants) : leur production*

matérielle est proche de zéro, mais ils participent à la pollinisation, produisent du réseau, de l'information, du lien social.

Daniel Cohn-Bendit

10. *Les trois grandes époques de l'humanité sont l'âge de la pierre, l'âge du bronze et l'âge de la retraite.*

Jean-Charles

11. *Au bout de quinze ans de chômage, on devrait avoir droit à une retraite de chômeur.*

Georges Wolinski

DEVOIRS DE RETRAITÉS :

reliez ces quelques chiffres aux données correspondantes

A.	600 000	**1.**	C'est le nombre de salariés partis à la retraite durant les six premiers mois de 2015.
B.	16,6 millions	**2.**	C'est le nombre de personnes qui cumulent statut de retraité et activité salariée ou RSI.
C.	1,6 million	**3.**	C'est le montant en euros de la pension moyenne des hommes.
D.	1 603	**4.**	C'est le nombre de retraités en France fin 2013.
E.	421 834	**5.**	C'est le nombre de retraités touchant le minimum vieillesse.
F.	500 000	**6.**	C'est le nombre de retraités qui vivent à l'étranger.

Réponses : A5 - B4 - C6 - D3 - E1 - F2

30 GROS CHANGEMENTS que vous avez vu apparaître pendant votre carrière

Niveau boulot, vous avez vécu une période charnière : la preuve, ces révolutions-là, vous y avez assisté.

1. Les 35 heures.
2. Les Tickets Restaurant.
3. Les RTT.
4. Faire tomber la cravate même quand on est cadre.
5. Voir des femmes cadre.
6. Se faire offrir un téléphone portable.
7. Prendre un café au distributeur.
8. Avoir une garderie d'entreprise.
9. Se faire offrir une formation plus ou moins utile.
10. Devoir sortir pour fumer votre Gauloise.
11. Avoir droit à un congé paternité.
12. L'ordinateur. Et les e-mails. Rien que ça.
13. Bosser un mois l'été pour ne même pas bénéficier d'un trimestre validé.
14. Devoir chercher du travail une fois le diplôme décroché.
15. La métamorphose de la « secrétaire » en « assistante ».
16. Et de la « femme de ménage » en « technicienne de surface ».
17. Avoir plein de potes au chômage, sans que ça soit une maladie honteuse.

18. La rupture conventionnelle, sorte de divorce à l'amiable en entreprise.
19. Les fax, que vous avez vu naître et mourir.
20. Changer d'entreprise comme de chemise, en quittant sans états d'âme ou en se faisant larguer comme une merde. *Turnover* ou « mobilité externe », qu'ils appellent ça.
21. Découvrir qu'il existe un mot pour la dépression au travail, et que ça s'appelle le *burn-out*.
22. Pouvoir prendre un stagiaire pendant huit ans, puis ne plus du tout pouvoir le faire.
23. Les Post-it.
24. Travailler en pyjama, une pratique également désignée par le terme « travailler en télétravail ».
25. Le compte épargne-temps.
26. L'apparition du badge électronique, au détriment progressif de la pointeuse.
27. Les tableaux Excel.
28. La possibilité d'attaquer votre patron pour harcèlement moral.
29. La garantie pour une femme de ne plus recevoir de main aux fesses comme si c'était amical.
30. Les fautes d'orthographe.

8 INNOVATIONS que vous n'aurez même pas eu le temps de tester

Ces changements-là, en revanche, ça sera pour le petit jeune qui vous remplace...

1. Travailler dans une caravane
   Une *start-up* néerlandaise créée en février 2015 a permis à ses employés d'installer leur bureau dans des mobile-homes avec énergie solaire, éclairage à base de leds et tissu de sièges en vieux jean recyclé. Et toilettes sèches, si ça peut vous consoler.

2. Faire une sieste au travail
   Exit les siestes clandestines aux toilettes et l'AZERTY imprimé sur les joues en se réveillant. Demain (aujourd'hui même pour certaines entreprises comme Google ou Apple), vos successeurs n'auront plus à se cacher pour dormir, puisque les salles consacrées à la sieste devraient fleurir en entreprise.

3. Ne plus avoir de chef
   Cela s'appelle l'« entreprise libérée » et actuellement il y a à peine quarante entreprises qui s'y sont mises. L'idée : mettre en place une nouvelle hiérarchie, dans laquelle tout le monde participe à la stratégie de l'entreprise, avec des écarts de salaires très faibles. Ça nous donnerait presque envie de retourner bosser un peu.

4. Travailler en marchant
   Victoria Beckham, épouse du footballer David Beckham, est tellement imitée à travers le monde qu'un seul de ses tweets, balancé récemment, pourrait lancer une nouvelle mode en entreprise : on y voit la star, lors de la

visite d'une université, tester un tapis roulant créé par un endocrinologue et destiné à travailler tout en marchant grâce à une tablette fixée à la bonne hauteur. On parie que l'idée va faire son bout de chemin et séduire nombre de *working women*. Une chance que Victoria n'ait pas testé une machine destinée à travailler avec une plume dans les fesses.

5. Le coworking
Ces nouveaux espaces de travail partagés sont mis à disposition de ceux qui n'ont pas de bureau, par exemple parce qu'ils bossent à leur compte et travaillent de chez eux. On y trouve des tas de gens qui en ont marre d'attendre la visite du facteur avec impatience pour pouvoir parler à quelqu'un, ou d'autres qui ont compris avec tristesse que Jean-Pierre Pernaut dans leur poste de télé à 13 heures n'était pas VRAIMENT leur collègue.

6. La congélation d'ovocytes
À l'automne 2014, les entreprises Facebook et Apple faisaient parler d'elles et jetaient un petit froid en faisant savoir qu'elles proposaient à leurs salariées de congeler leurs ovocytes pour leur permettre d'avoir des enfants plus tard (et donc, en attendant, de donner tout ce qu'elles ont au travail).

7. Le congé paternité de deux mois
Devenu papa en automne 2015, le créateur de Facebook a annoncé qu'il prenait un congé paternité de deux mois. Une petite révolution qui pourrait faire évoluer les mentalités : en Californie, où une loi offre six semaines de congé parental payé, le père prend en moyenne 7,5 jours après la naissance de son enfant. Ils sont fous ces Ricains, ils sont fous.

8. Porter un masque au travail
C'est l'idée d'une entreprise chinoise, qui a proposé à ses salariés une « journée sans visage », où tous étaient invités à porter un masque. Objectif : favoriser l'économie d'expression, en permettant au personnel de s'abstenir de sourire aux clients. Un super moyen de faire la gueule toute la journée tranquillement, ou, tant qu'à faire, d'envoyer un pote au chômage bosser à notre place.

9 QUESTIONS – RÉPONSES :

La minute « courrier des lecteurs »

Nos réponses à vos questions les plus fréquentes.

1. *J'ai atteint l'« âge légal de départ à la retraite ». C'est bon, je peux me tirer au bout du monde ?*

Thierry

Non
« L'âge légal », c'est l'âge à partir duquel vous avez le droit de demander votre retraite, une misère, bien entendu, si vous n'avez pas cotisé un nombre suffisant de trimestres.

2. *Bonjour, c'est encore moi, j'ai atteint l'« âge légal de départ à taux plein », je peux me casser au soleil cette fois ?*

Thierry

Pas vraiment
« L'âge à taux plein » signifie que vous avez atteint l'âge légal et vous avez cotisé le nombre de trimestres nécessaire. Mais – petit conseil d'ami – prévoyez plutôt un week-end au Tréport.

3. *J'ai travaillé dans le secteur privé, sur quelle base est calculée ma retraite ?*

Josiane, 55 ans

Sur les vingt-cinq meilleures années.

4. *Et moi je suis fonctionnaire, sur quelle base est calculée ma retraite ?*

Brigitte

Sur les six derniers mois.

5. *Eh mais pourquoi ?*

Josiane

C'est comme ça, Josiane.

6. *Quel est le taux de majoration de ma retraite sachant que j'ai élevé trois enfants ?*

Chantal

À partir de trois enfants, il est de 10 %. Mais attention : cette disposition est dans le collimateur, comme beaucoup d'autres.

7. *Quelle est la capitale du Burundi ?*

Francis

Bujumbura.

8. *Je suis salarié de la RATP, à quel âge je vais pouvoir prendre ma retraite ?*

Alain

La moyenne est de 54 ans, mon bon Alain.

9. *Et moi je suis avocat, à quel âge j'arrête ?*

Christian

À 64 ans et 4 mois en moyenne, mon cher Christian.
Na na na na nère !

Alain

Pffffffff.

Christian

CES 13 NOUVEAUX MÉTIERS qui ne vous évoquent rien

Métiers bizarres aux noms improbables et à la fonction obscure, ceux-là, vous n'aurez pas eu le temps de les comprendre.

1. Web designer
2. Community manager
3. Office manager
4. Professeur de Zumba
5. Baby planner
6. Concierge privé
7. Vendeur de vélos électriques
8. Chargé de contenu digital
9. Ingénieur cloud et virtualisation
10. Traffic manager
11. Consultant e-réputation
12. Responsable d'un centre de services partagés
13. Coach en séduction

NDLR

Si vous avez reconnu dans le lot le job d'un de vos enfants mais que vous ne comprenez vraiment pas en quoi ça consiste, vous aurez enfin le temps, maintenant que vous êtes retraité, de participer à la journée annuelle des parents au bureau, organisée le 5 novembre et qui consiste à se pointer au boulot de son enfant pour savoir enfin répondre à la question : « Et ta fille, elle fait quoi exactement dans la vie ? »

20 PASSIONS qu'on attribue d'office aux retraités (sans leur demander leur avis)

Niveau retraités, les préjugés ne manquent pas. Ces activités-là, par exemple, à peine sont-ils sortis du bureau qu'on leur colle ça sur le dos.

1. La gouache et l'aquarelle
2. Leurs petits-enfants
3. La couture et le tricot
4. La pêche
5. Le jardinage
6. Le golf
7. Les puzzles
8. Le bénévolat
9. Les mots croisés
10. Le sudoku
11. Le yoga
12. La marche nordique
13. La gymnastique
14. L'aquagym
15. Le bridge
16. La cuisine
17. Les croisières
18. Les visites au cimetière
19. La philatélie
20. Le commérage

11 PERSONNES qui n'auraient jamais dû partir à la retraite

Avant votre retraite à vous, il y en a déjà quelques-unes qui ont eu du mal à passer.

1. La maîtresse de votre petit dernier. Votre dernière sortie d'école vous avait mis un coup au moral, son départ en retraite vous a quelque peu achevé.
2. Votre gynéco, qui connaissait si bien votre intimité (votre intimité n'aime pas bien l'inconnu).
3. Votre dentiste, seul témoin qui pouvait attester que vous avez eu de vraies dents, un jour.
4. Votre conjoint(e). Coucher avec un(e) retraité(e), vous n'y étiez pas tout à fait préparé(e).
5. Votre garagiste, qui vous facturait encore à l'heure et non au forfait. Il était de la vieille école et vous pouviez lui apporter vos bidons d'huile achetés à Continent. Son successeur vient d'adopter la formule « révision confiance », qu'il ferait mieux d'accompagner d'une offre lubrifiant tellement ça vous fait mal au c** à chaque facture.
6. Votre femme de ménage. La nouvelle passe l'aspirateur autour des vêtements tombés du portemanteau, et quand, passablement énervé, vous lui dites « je vais ramasser ça », elle vous répond : « non non, laissez, ça me dérange pas. »
7. Votre facteur. Ce champion de vélo connaissait toute votre famille, tous vos créanciers, et votre chien était tellement habitué à lui qu'il lui amenait vos pantoufles. Le nouveau (en camionnette) a le charisme d'une huître et ne vous

sourit qu'une fois par an : en novembre, quand vous lui achetez son calendrier.

8. Votre coiffeur. Ses inépuisables analyses sur la météo locale et sa sexualité sans ambiguïté vous manquent. Sa façon si chantante de vous demander « Ça va la température ? » aussi. Et puis il connaissait bien votre cheveu, qu'il ne conjuguait jamais au pluriel, mais frictionnait avec vigueur pendant le shampoing, pas comme la petite nouvelle qui y va du bout des doigts.

9. Claire Chazal, parce que bordel ça nous a mis un coup de vieux.

10. Vos parents, parce que c'est à eux que ça a mis un coup de vieux.

11. Votre psy, qui affirme que c'est un acte manqué de trouver le bon thérapeute une semaine avant qu'il ne prenne sa retraite.

TOP 27 des personnes qu'on aimerait voir partir à la retraite rapidement

Le Pen fille, nièce, neveu, grand-oncle, cousine germaine, belle-sœur et toute autre personne du 1er au 5e degré, pour être bien sûrs.

ÊTES-VOUS BIENTÔT A LA RETRAITE ? Notre grand quiz pour le savoir.

Vous vous appelez Christine ou Daniel : + 20
Vous vous appelez Enzo ou Lola : - 20
Vous avez développé une allergie aux cravates : + 15
Vous êtes né sous Auriol : + 40
Vous êtes né sous de Gaulle : - 40
Vous êtes né sous Coty : 0
Vous étiez ado quand le premier homme a marché sur la lune : + 40
Vous avez raté quinze jours de collège ou de lycée en mai 68 : + 40
Vous n'aviez pas l'âge d'aller au Festival de l'île de Wight : - 30
Vous étiez trop petit pour vous souvenir bien de l'assassinat de Kennedy et de la mort de Marylin Monroe : - 30
Vous n'avez jamais reçu d'invitation d'AMELI à examiner vos selles : - 30
Votre petit-fils vous a demandé de venir dans votre entreprise pour son stage d'observation de troisième : + 30
Vous avez toujours regardé la télé en couleurs : - 30
Vous avez l'âge de Louis Bertignac : + 20

PETITS EXERCICES spécial retraités

Voici la liste des vingt-cinq prénoms les plus répandus chez les jeunes retraités (source : prénoms les plus donnés dans les années cinquante).
Complétez chacun d'eux avec le nom de famille d'un retraité connu de vous, ou connu tout court.
Marie ...
Martine ...
Françoise ...
Chantal ...
Brigitte ...
Christine ...
Claudine ...
Evelyne ...
Patricia ...
Nadine ...
Annie ...
Nicole ...
Jean ...
Michel ...
Patrick ...
Alain ...
Philippe ...
Christian ...
Bernard ...
Daniel ...
Gérard...
Jean-Paul...
Didier...
Claude...
Serge...

LES 6 FÊTES à instituer en plus de celle des secrétaires, si vous voulez garder un pied dans le monde du travail

On l'ignore trop souvent, mais il existe une fête annuelle en l'honneur des secrétaires et assistantes. Lancée en France en 1991, elle a lieu le troisième jeudi du mois d'avril. On a pensé à six autres métiers ou fonctions à célébrer solennellement.

1. La fête des patrons
À fixer au 20 août à la Saint-Bernard (on a vérifié, la Saint-Rottweiler n'existe pas, la Saint-Caca non plus). Envoyez-lui une carte postale, il s'en rappellera pour la fixation des primes de fin d'année et votre cadeau de départ en retraite.

2. La fête des femmes de ménage
Elle existe en Belgique, où elle est célébrée le 20 juin, et on aurait tous intérêt à rendre hommage à la seule personne qui se donne du mal pour rendre l'*open space* agréable. En revanche, évitez de rapporter un bouquet de fleurs à votre femme ce jour-là.

3. La fête des comptables
Un hommage à rendre par exemple le 21 septembre à la Saint-Matthieu, qui fut collecteur d'impôts. Le concept pourrait être simple et innovant : ce jour-là, les comptables seraient gracieusement dispensés de vérifier sur Viamichelin les distances kilométriques. Non vraiment, n'insistez pas, vous méritez bien un peu de repos.

4. La fête des stagiaires
À fêter le 29 juillet, jour de la Sainte-Marthe, patronne des servantes. Apportez-lui un café ce jour-là, et tentez de la complimenter sur autre chose que la qualité de ses photocopies.

5. La fête des commerciaux
Le 1er décembre, à la Saint-Éloi, patron des vendeurs. Pour l'occasion et pour célébrer la fine équipe comme il se doit, on chausse tous des souliers noirs sur des chaussettes blanches, on fait péter la gourmette et on s'arrange pour avoir les mains un peu moites.

6. La fête des cons (date à définir, qui a dit « tous les jours » ?)
« Bonne fête, Jean-Claude !
- Bonne fête à toi aussi, mon bon Thierry ! Oublie pas de la souhaiter à Monique, elle pourrait bien se vexer, la conne. »
Imaginez un peu l'atmosphère de liesse qui régnerait dans l'entreprise en ce jour où les cons ne seraient pas dispensés de venir travailler, au risque de paralyser totalement l'activité. Partant du principe qu'on est toujours le con d'un autre, soyez sûrs d'être interpellé dans le couloir.

DEVOIRS DE RETRAITÉS

Lisez à voix haute les informations suivantes : votre interlocuteur a vingt secondes pour trouver le pourcentage correspondant. Vous ne pouvez l'aiguiller qu'en lui disant « C'est plus » ou « C'est moins ».
Pour chaque pourcentage non trouvé dans le délai imparti, le perdant vous doit vingt secondes de grattage de dos.

1. Quel pourcentage de seniors se montre inquiet à la perspective de partir en retraite, en particulier à cause de la baisse du pouvoir d'achat ? (16 %)
2. Quel pourcentage de seniors s'estime « tranquille » face à cette étape ? (55 %)
3. Quel pourcentage de seniors est impatient de prendre sa retraite ? (28 %)
4. Quel pourcentage de seniors estime que la retraite constitue une période de projets ? (42 %)
5. Quel pourcentage de retraités voit dans cette période l'occasion de se lancer dans de nouvelles activités ? (77 %)
6. Quel pourcentage de retraités voit dans cette période l'occasion de rencontrer de nouvelles personnes ? (61 %)
7. Quel pourcentage de retraités voit dans cette période l'occasion de mieux s'occuper de son corps et de sa santé ? (60 %)

Source : Sondage de L'Institut Français des Seniors réalisé par Harris Interactive, « Les Français face à la retraite ».

VOTRE VIE PROFESSIONNELLE QUI S'ACHÈVE

LES 10 JOBS DE RÊVE que vous n'avez malheureusement pas eu le temps de faire

Vous en aviez rêvé, le temps vous a juste un peu manqué. Ces boulots pour lesquels vous seriez (presque) prêt à recommencer à vous lever le matin.

1. Pilote de ligne
   Petit déjà, vous passiez des heures à fabriquer des avions en papier. Quand on vous demandait ce que vous vouliez faire dans la vie « plus tard », vous répondiez « pilote de ligne ». Les adultes vous pinçaient les joues hyper fort en disant « c'est mignon à cet âge-là », mais vous n'étiez pas dupe : ce qu'ils voulaient dire, c'est que c'était con, à cet âge-là. Du coup vous avez choisi de les croire et de renoncer à vos rêves. Ça vous a fait mal mais vous avez pris cette décision de changer de voie : plus tard, vous serez pilote de course, à la place.
2. Photographe
   Selon un sondage paru en 2014 sur www.e-orientations.com, c'est le métier que les Français rêvent le plus d'exercer. On trouve en deuxième et troisième positions les professions d'architecte et de cuisinier.
3. Gardien(ne) d'île ou de parc
   En 2009, l'Australie, qui souhaitait promouvoir le tourisme, avait fait le *buzz* en déposant une annonce pour le « meilleur job du monde ». C'est un Britannique répondant au nom de Ben Southall qui a décroché le job : pendant six mois, l'heureux élu est devenu gardien de l'île d'Hamilton et a gagné pour cela 150 000 dollars australiens, soit environ 75 000 euros.
   En 2013, c'est la Française Elisa Detrez qui avait eu la chance d'être choisie pour « garder » un parc dans le

Queensland, ce qui consistait plus concrètement à donner ses impressions régulièrement sur les réseaux sociaux. Le tout pour 100 000 dollars australiens.

4. Médecin
À en croire un autre sondage, réalisé en avril 2015 par CSA pour *Direct Matin*, c'est ce métier qui fait rêver les Français(es). Confrontées à une liste de dix-sept métiers, 13 % des personnes interrogées ont jugé que cette profession était la plus belle.
(Selon un sondage non officiel, sur ces 13 % de sondés, 99,9 % des femmes auraient avoué avoir répondu sous l'influence du sex-appeal de Docteur Mamour dans *Grey's Anatomy*, et que, s'il existait en vrai, elles seraient prêtes pour le rencontrer à commencer des études de médecine ou à tomber très malades.)

5. Vétérinaire
De la peau aux poils il n'y a qu'un pas (comme dirait la jeune mariée), et les médecins de nos amis les bêtes arrivent en deuxième position dans la liste des métiers de rêve.

6. Cobaye pour la NASA
Il y a quelques mois, une offre d'emploi a rencontré un succès fou, et pour cause : elle provenait de la NASA, qui proposait 18 000 dollars à des cobayes pour qu'ils restent allongés dans un lit, tête en bas et pieds en l'air, durant soixante-dix jours. Objectif : étudier les effets sur l'organisme des longs voyage dans l'espace, en reproduisant l'effet sur le corps de l'absence de gravité.

7. Musicien(ne)
Il est *a priori* un peu tard pour devenir une star, mais la bonne nouvelle c'est que c'est le moment rêvé de

reprendre vos cours de piano ou de guitare là où vous les avez laissés. (Oui, même si c'est au solfège.)

8. Ingénieur(e) dans la police scientifique
Relever les empreintes comme dans *Les Experts*, prononcer les mots « Anatomopathologie», « Chimiluminescence » et « Décadactylaire » sans buter dessus et en comprenant ce qu'ils signifient, retrouver le criminel et le torturer dans votre cave (rayer la mention inutile/illégale), voilà qui vous aurait fait rêver ? On se console en invitant ses petits-enfants, et en mixant une partie de Docteur Maboul pour l'aspect médical et une partie de Cluedo pour le suspens.

9. Testeur(/euse) d'hôtels de luxe
L'hôtel de luxe Vertigo, qui a ouvert ses portes en 2014 à Dijon, avait fait parler de lui en déposant une annonce de CDD particulière. Testeur/testeuse de chambres, pendant quarante-deux jours. L'établissement, qui abrite quarante-deux chambres, proposait au candidat de le nourrir, de le loger et de lui verser un salaire de 2 000 euros pour partager ses impressions sur les réseaux sociaux. C'est Marie Seurin, blogueuse et journaliste, qui a eu la chance de décrocher le job et de raconter son expérience sur le site www.vertigojobdereve.jimdo.com.

10. Écrivain
Vous vous imaginiez, mèche au vent et regard porté très loin vers l'horizon, en train de laisser monter l'inspiration. Quand vous avez dit que vous souhaitiez vivre de votre plume, on vous a conseillé de devenir éleveur d'oie. Alors vous avez abandonné l'idée. Nous aussi, et pourtant il nous a fallu attendre d'être à la retraite pour réaliser ce rêve, que vous avez entre les mains.

11. Professionnels du sexe : top 8 des métiers coquins

« No zob in job » a toujours été votre credo ? Les deux font pourtant parfois (très) bon ménage. La preuve par 8.

Agriculteur : Visiblement, si l'amour est dans le pré, le sexe aussi. Selon un sondage Ipsos/amorelie.fr réalisé en août 2015 sur les pratiques sexuelles des Français, 15 % des agriculteurs pratiquent l'échangisme, contre 4 % seulement pour le reste de la population. De plus, presque la moitié des agriculteurs affirment aimer faire l'amour dans un lieu public, contre 29 % pour la moyenne nationale.

Professions libérales : Selon la même étude, les médecins, pharmaciens, dentistes, avocats et autres architectes utilisent plus de sex-toys que le reste de la population. Ils sont aussi plus nombreux à pratiquer le bondage : 20 %, contre 11 % pour les autres métiers.

Médecin : Selon un sondage réalisé par le site entre-infideles.com en 2013, jouer au docteur a encore le vent en poupe. Ce métier arrive en première place des métiers qui font fantasmer les femmes, tandis que l'infirmière recueille côté hommes 21 % des suffrages.

Chef d'entreprise : C'est, selon le même sondage, le 2e métier d'homme le plus sexy, d'après les femmes. Pour les hommes en revanche, c'est la profession de **secrétaire** qui leur fait frétiller l'attaché-case (bienvenue au XXIe siècle). Ils sont 36 % à craquer pour elles, contre 29 % pour les **femmes d'affaires**.

Psychologue : Sens de l'écoute, capacité d'analyse… Les psys font fantasmer ces dames, qui les mettent en troisième position sur l'échelle de l'érotisme.

Enseignante : Chez les hommes, recevoir des ordres semble plus important que de s'épancher, puisque les « maîtresses » ont la cote, de même que les **comptables** (!).

GO : Gentil Organisateur avec son Gros Objet, le type bronzé toute l'année fait encore recette auprès des femmes, qui le placent dans le top 10 des métiers les plus sexy, à côté des **barmans** et des **rock stars**.

Hôtesse de l'air : Le fantasme des ébats en plein air continue de faire monter les hommes au septième ciel. Un cul(te) qui a connu un regain de vigueur avec ce fait divers récent (et bien glauque) : en octobre 2015, une hôtesse de l'air a été surprise en plein ébat dans les toilettes de l'avion dans lequel elle travaillait. Depuis deux ans, elle facturait 2 000 euros la passe, et avait accumulé la modique somme de 880 000 euros.

15 AMIS RETRAITÉS à vous faire qui sont forcément à la retraite, si tous vos potes bossent encore

Vous pensiez que votre bande de copains arrêterait de travailler en même temps que vous. Et voilà que vous vous retrouvez bien seul, et que personne ne répond à vos appels entre 9 heures et 19 heures. Des potes retraités, ça ne se trouve pas sous les sabots d'un cheval : ceux-là, au moins, vous pouvez être sûr qu'ils ne travaillent plus.

1. Un **apothicaire**, ancêtre du pharmacien exerçant jusqu'au XIXe siècle environ.
2. Un **laquais**, chargé d'annoncer les invités à son maître, de les mener à lui et de les raccompagner.
3. Un **Johnnie**, métier qui ne désigne pas les anciennes stars du rock, mais les marchands d'oignons roscovites qui, au XIXe siècle, partaient en Angleterre au mois d'août pour vendre leurs produits. (Il s'agit bien d'oignons *roscovites* et pas *moscovites*, c'est-à-dire provenant de Roscoff, en Bretagne !)
4. Un **allumeur de réverbère**, particulièrement pratique si vous vivez dans une commune à l'éclairage insuffisant.
5. Un **croque-mort**, avec plein d'anecdotes croustillantes (*sic*) à vous raconter sur tous ces gens qu'on s'apprêtait à enterrer parce qu'ils étaient morts et en fait, non.
6. Un **crieur des morts**, chargé d'annoncer à la population les derniers décès et les infos pratiques pour les funérailles. (Affinités assurées avec le croque-mort, que nous vous conseillons de réunir à l'occasion d'un petit brunch.)

7. Un **bouffon**. Mais un vrai, du genre de ceux qui amusaient le roi. Et en plus, il mettra de l'ambiance aux soirées.
8. Un **marchand d'allumettes**, ou si possible une petite marchande d'allumettes .
9. Un **médecin de peste**, spécialisé, comme son nom l'indique, dans la confection d'abribus en étain (c'était juste pour voir si vous suiviez).
10. Un **dactylographe**, à qui vous pourrez même apprendre quelques raccourcis clavier.
11. Un **troubadour**, poète de langue d'oc spécialisé dans les compositions relatives à la chevalerie et à l'amour courtois (oui, c'est pointu).
12. Un **bourreau**, à la retraite officielle depuis 1981. Même si le dernier bourreau de Paris n'a coupé que deux têtes (les dernières, en 1977), il a maintenu sa guillotine en parfait état de fonctionnement jusqu'à l'abolition de la peine de mort (encore une carrière raccourcie, merci Monsieur Mitterrand).
13. Un **ramasseur de quilles** dans les bowlings (elles ne se sont pas toujours relevées toutes seules).
14. Un **cocher de fiacre**, mis à la retraite à la fin de la circulation hippomobile. S'il était courant que les cochers s'invectivent entre eux dans la circulation, les taxis et les Uber ont su perpétuer cette tradition pleine de faconde et de bonhomie.
15. Un **poinçonneur**, si possible des Lilas, pour faire un p'tit trou, deux p'tits trous, toujours des p'tits trous… Disparu du métro en 1973, Il semble cependant que ce métier constitue aujourd'hui une piste intéressante pour résoudre le

problème de l'employabilité des seniors (voir p. 140 « Sortie de placard »).
Note importante : Ne tombez pas dans le piège du barbier, profession qu'on croyait disparue à jamais mais qui renaît de ses cendres et comporte désormais plein de gens actifs, en particulier dans les quartiers branchés de la capitale.

13 FOURNITURES DE BUREAU que vous avez vu disparaître

L'agonie a été longue, et vous y avez assisté.

1. La machine à écrire
   Elle n'était tout de même plus à ruban quand vous avez commencé à travailler, elle était à boule (rappelez-vous, la fameuse IBM à boule !) ou à marguerite. Vous avez encore dans la tête le raffut infernal de ces engins et ces « pools de dactylos » où les pauvres filles étaient cantonnées comme les rameurs d'une galère...

2. Le carbone et le papier pelure
   Accessoires indissociables du défunt matériel ci-dessus. La pelure verte dans le dossier suspendu, l'orange à la compta, et la bleue pour Nadine. Le classement prenait un temps fou et l'industrie papetière prospérait.

3. Le stylo-plume
   Montblanc (pour le patron), Parker ou Waterman, il a été détrôné par le stylo-bille, en particulier le « quatre couleurs », ventru et pas pratique, très en vogue dans les années 1970.

4. La cartouche d'encre
   Petit tube en plastique, se perçant plus ou moins facilement quand on revissait le capuchon du stylo. Permettait de passer des heures à bricoler sur son bureau pour détecter l'origine de fuites se déclenchant en général dans les poches intérieures de vestes ou dans les sacs à main.

5. Le buvard

Souvent cadeau des fournisseurs, au logo de leurs entreprises, ou mieux si vous aviez du grade : le tampon à bascule en bois devant le sous-main en cuir.

6. La ronéo
Tuée par la photocopieuse, souvenez-vous de cette machine infernale qui utilisait l'alcool pour la duplication. On enroulait un « stencil » autour du cylindre et on tournait la manivelle. Ça puait, ça tâchait, ça bavait, mais, en fin de compte, ça marchait pas si mal que ça. Très utilisée par les syndicats ou pour l'annonce des Noël de l'entreprise.

7. Les plannings à fiches T
Épouvantables tableaux métalliques et grisâtres fixés sur les murs en moquette des bureaux, dans les cases desquels on enfilait verticalement des cartons multicolores en forme de T, la barre horizontale restant visible et portant de vagues identifications. Généralement accrochés à la hâte après un coup de gueule du patron et censés rationaliser les tâches. Bien entendu, jamais mis à jour et nid à poussière très vite oublié.

8. Le Minitel
Apparu au début des années 1980, cet objet culte a disparu définitivement en 2012, détrôné déjà depuis longtemps dans les entreprises par Internet. Il vous aura initié à des recherches n'ayant aucun rapport avec votre boulot (prétendez le contraire !), et l'avènement du Web ne va pas arranger les choses...

9. Le téléphone à cadran rotatif
Si vous étiez chef, vous aviez droit à un engin volumineux (« Vous avez Chombier sur la une », « je prends, merci »), si vous vous situiez au fin fond de la hiérarchie, vous partagiez un téléphone avec le collègue en face de vous.

En prime, la tiédeur persistante de son oreille poilue sur le combiné et ses postillons blanchâtres tout près de votre bouche.

10. Les liasses en accordéon percées sur le côté
Les interminables *listings* de la compta, crachés bruyamment pendant des heures par d'infernales bécanes, faisaient le bonheur de vos enfants pour leurs coloriages.

11. L'éphéméride
Trônant sur le bureau devant le sous-main, sur support bois rainuré pour le stylo, ce calendrier vous présentait un feuillet par jour qu'on basculait autour de deux gros anneaux chromés. Objet moche et déprimant, s'il en est. Vous permettait cependant de gribouiller des damiers, des bites et des têtes à Toto pendant vos conversations téléphoniques.

12. Le fax
C'est vrai, il n'a pas totalement disparu et quelques derniers ringards s'appuyant sur des questions d'authenticité des documents continuent à faire de la résistance. À notre avis, c'est qu'ils ne savent pas encore se servir d'un scan et d'un e-mail. Après tout, si ça peut contribuer à maintenir l'emploi...

13. Le cendrier
Eh oui, à partir du 1er février 2007, cet objet du quotidien laborieux, réceptacle des bons et des mauvais jours, a été éradiqué de nos bureaux. Fini le bon temps où vous pouviez enfumer votre secrétaire, cloper en salles de réunion et à la cafétéria. Le cendrier, à présent, c'est dehors, dans le froid et la pluie, serrés les uns contre les autres. Et même là, bientôt, on va vous l'interdire.
Trop de nostalgie, tout ça, il était temps que vous quittiez ce monde cruel de l'entreprise...

12 PREUVES qu'on essaye de se débarrasser de vous

Vous n'êtes pas du genre à psychoter pour rien mais là, quand même, il semblerait que vous ne soyez plus vraiment le bienvenu.

1. Vous travaillez dans un placard (ils ont juste retiré les étagères mais ils ont laissé l'aspirateur).
2. Vous n'êtes plus invité aux réunions.
3. On vous a installé une console de jeux en face de votre fauteuil.
4. Vous avez découvert ce matin un piège à loups sous votre bureau.
5. Vous ne recevez plus aucun e-mail.
6. Ça tombe bien, vous n'avez plus d'ordinateur.
7. On a remplacé votre véhicule de fonction par une trottinette.
8. Quand vous avez croisé votre patron ce midi il vous a demandé ce que vous faisiez là.
9. En réunion, on parle de vous à la troisième personne et au passé.
10. À la cantine, vous mangez les restes.
11. À la dernière soirée de la boîte, vous êtes arrivé déguisé en cochon comme c'était prévu sur l'invit'. Les autres étaient en tenue de soirée.
12. Vous avez trouvé ce petit guide à la place de votre clavier d'ordinateur.

4 CHANSONS que vous allez bientôt siffloter tout le temps

À vous de compléter les mots manquants de ces célèbres extraits.

1. *Aujourd'hui peut-être* – Fernand Sardou
Aujourd'hui peut-être, ou alors ...
Ce sacré ... me donne la flemme
Je la couperai après-demain,
Et si je peux pas la ... moi-même,
Je demanderai à l'ami ...
Qui la coupera aussi bien lui-même.
Ce n'est pas qu'on soit ... par ici
Mais il fait si chaud dans notre ....

Solutions
demain
soleil
couper
Tonin
feignant
Midi

2. *Travailler c'est trop dur* – Alpha Blondy
Travailler, c'est trop dur, et voler c'est ...
Demander la ..., c'est quelque chose que je peux pas faire.
Chaque jour que moi je vis, on me demande ...,
Je dis que je vis sur ... ! et j'espère de vivre vieux !

Solutions
pas beau
charité
de quoi je vis
l'amour

3. *Le travail c'est la santé* - Henri Salvador
Le travail c'est la santé
Rien faire c'est ...
Les ... du boulot
Ne font pas de....

Solutions
la conserver
prisonniers
vieux os

4. *Je ne veux pas travailler* - Pink Martini
Je ne veux pas ...
Je ne veux pas ...
Je veux seulement ...
Et puis je ...

Solutions
travailler
déjeuner
l'oublier
fume

LE JARGON DE LA RETRAITE : **8 termes et organismes qui ne devront plus avoir de secrets pour vous.**

Vous avez cru qu'en arrêtant de bosser vous en finiriez avec la paperasse ? Loupé.

1. La reconstitution de carrière
   Vous oblige à vous retourner sur votre passé et à vous souvenir de ce que vous avez bien pu faire durant les périodes « lacunaires » que votre relevé vous signale. Vous êtes-vous retiré dans un couvent, êtes-vous parti sur les chemins de Compostelle, dans le Caucase pour élever des chèvres ou tout simplement avez-vous glandé pendant ces deux ans en attendant que ça se passe ?

2. Le calcul des trimestres
   Une belle et grande aventure vous attend ! Vous allez apprendre ce que veut dire « valider un trimestre ». Et vous mordre les doigts d'avoir fait la bringue sur les plages dans les années 1970 au lieu de bosser pendant les vacances. Vous voulez un exemple ? Un petit boulot d'été de quelques jours payé l'équivalent de 440 € aujourd'hui suffisait à valider un trimestre de retraite. Aujourd'hui, il faut gagner près de quatre fois plus !

3. Les points AGIRC-ARCCO
   Ils fixent la retraite complémentaire des salariés du secteur privé. Heureusement, d'ailleurs, qu'il existe un petit bonus à la retraite « Sécu » qui s'élève, en moyenne, à moins de 1 100 €. « Travaillez plus longtemps », refrain connu que nous susurrent aussi ces régimes complémentaires en

plutôt mauvaise santé (contrairement à vous, qui n'êtes absolument pas fatigué).

4. La CARSAT
Vocable un peu rugueux, ayant remplacé récemment celui de « caisse régionale d'assurance maladie », les retraités rechignant sans doute à être assimilés à des malades... Point de départ obligé de vos allocations retraite, c'est cet organisme qui validera joyeusement vos trimestres avec vous, déclenchant cette fameuse retraite « Sécu ». Ensuite, et ensuite seulement, s'engouffreront avec impatience les caisses complémentaires qui vous inonderont de leurs subsides, vous permettant de jouir d'un repos bien mérité, un cocktail à la main, à l'ombre des cocotiers.

5. La CNAV
Il faut reconnaître que les relevés de carrière de la Caisse Nationale d'Assurance Vieillesse (aïe le mot « vieillesse »...) sont bien faits. En découvrant que vos trente-deux employeurs sont tous répertoriés pour chaque période de votre vie active, y compris celles que vous aviez vous-même oubliées, vous risquez d'avaler votre dentier. Et de vous demander s'ils connaissent aussi votre couleur préférée et la consistance de vos selles en 1987.

6. Le plafond de la Sécurité sociale
Notion obscure qu'on trouve accommodé à toutes les sauces, y compris par votre mutuelle quand on vous installe une couronne après un arrachage de dent. Ne plaisantez pas en disant « le plafond de la Sécu ? Bah il est blanc ! » car il faut s'en méfier, son évocation pour le calcul de prestations ne prévoyant rien de bon. Pour la retraite, il sert de référence aux cotisations sociales prélevées sur les pensions. On vous avait prévenu.

7. Le taux de remplacement

Expression technique assez élégante, servant à désigner la baisse colossale de revenu à laquelle vous allez devoir faire face en prenant votre retraite. Même si vous êtes très en colère, c'est un sujet à éviter à l'apéro, surtout si vous avez des amis fonctionnaires. Il est important de les garder, à l'aube d'une vie nouvelle où les relations sociales devront illuminer votre quotidien.

8. La réversion

Petit cadeau mensuel à votre conjoint quand vous aurez passé l'arme à gauche. Ne vous inquiétez pas, ce n'est pas une assurance vie et son montant prévisionnel ne devrait pas l'inciter à vous trucider. Avec un pourcentage encore réduit (50 % de votre retraite pour simplifier), il ne lui restera que ses yeux pour (vous) pleurer et l'interdiction de se remarier sous peine de suppression de la maigre allocation. Peut-être une incitation à rester fidèle à votre souvenir, dans le dénuement et le recueillement.

BONUS POUR LES INDÉPENDANTS : Top 2 des organismes qui vont vous achever avant même que vous ne preniez votre retraite

Et bam, une petite couche en plus. Deux, même.

1. **Le R.S.I.**
   Qualifié en 2012 par la Cour des comptes de « catastrophe industrielle », le régime social des indépendants assure la couverture maladie et la retraite des professionnels libéraux, des artisans et des commerçants. Données écrasées par un bug informatique, erreurs répétées de calcul des cotisations ou des retraites, plate-forme téléphonique injoignable et incompétente : ceux qui se qualifient eux-mêmes de « moutons », « pigeons », « poussins » et « chats noirs » descendent déguisés dans la rue pour piailler, miauler ou bêler leur colère ! Du mieux à espérer, Brigitte Bardot et les parlementaires émus sont, semble-t-il, au chevet de ce sympathique organisme.

2. **La CIPAV**
   «Gestion désordonnée», «service déplorable», le jugement de la Cour des comptes en 2014 sur la Caisse interprofessionnelle de prévoyance et d'assurance vieillesse des professions libérales ne fait pas dans la dentelle en appelant à « un plan de redressement immédiat ». Ses adhérents seront sans aucun doute d'accord, eux qui continuent à recevoir des appels de cotisations et des sommations d'huissier des années après leur cessation d'activité. En patientant par contre longtemps pour toucher leur première allocation. Vous souhaitez les joindre par

téléphone : chiche ! Leur envoyer un e-mail ? La CIPAV n'a pas d'adresse e-mail, original aujourd'hui, non ? Et le fax ne fonctionne pas. Bon courage !

LES 13 SIGNES qui prouvent que c'est bientôt le grand jour

On ne voudrait pas trop s'avancer mais ces indices-là, c'est peut-être signe que la retraite c'est pour aujourd'hui ou pour demain.

1. Les stagiaires sont plus jeunes que votre petite dernière.
2. Vous ne lisez plus que des *Guides du routard*.
3. Vous avez surpris une conversation à votre sujet dans laquelle on vous a donné le très affectueux surnom de « Papi ».
4. Ça fait tellement longtemps que vous n'avez postulé nulle part que vous avez un doute sur l'orthographe du mot *curriculum vitae* (nous aussi).
5. Vous avez installé dans les toilettes du bureau une petite étagère pour vos BD.
6. *Pêche Magazine* trône sur votre bureau, en lieu et place de *Challenges*.
7. Vous qui ne supportiez pas qu'on vous court-circuite, vous vous retenez d'embrasser avec la langue le petit jeune aux dents longues à qui on refourgue tous vos dossiers.
8. Vous avez de plus en plus de mal à mâcher la viande de la cantine.
9. Vous ne vous cachez plus pour dormir au bureau.
10. Vous êtes tellement détaché de tout que même les reniflements de votre collègue ne vous donnent plus envie de le tuer.

11. Vous connaissez par cœur la taille du couloir en nombre de pas.
12. Vous vous amusez parfois à l'arpenter en imaginant que les jointures du carrelage sont des crocodiles et que vous ne devez pas les toucher.
13. Pour vous occuper, vous tenez à jour un registre de qui se lave les mains aux toilettes ou pas.

12 BLAGUES à faire à vos collègues le dernier jour (et pas avant)

L'excellent *Merci Alfred* (www.mercialfred.com) a lancé le non moins excellent *Office War* (http://www.mercialfred.com/operation/site-office-war/index.html), qui propose de partager les meilleures blagues à faire en *open space*. Florilège des meilleures.

1. Changer la signature automatique d'un e-mail par « Gros bisous », beaucoup plus *friendly* que le vilain « Cordialement ».

2. Créer un message d'absence sur la boîte e-mail de votre collègue, afin qu'une réponse automatique du type « Je suis nu sur une plage de rêve et reviendrai de congés lorsqu'il n'y aura plus de mojitos » soit envoyée à ceux qui le contacteront.

3. Écrire à votre collègue un e-mail rempli de reproches, photos éventuellement à l'appui, en mettant en copie l'adresse de votre boss, que vous n'oublierez pas de modifier légèrement avec un point en trop ou un tiret en plus, pour être sûr(e) qu'il ne le reçoive pas…

4. Prendre discrètement la bouteille d'eau posée sur le bureau de votre collègue et la percer de quelques trous sur le haut, légèrement en dessous du goulot.

5. Prendre pour cible vos deux collègues assis l'un en face de l'autre, en branchant l'écran de l'un à la tour de l'autre.

6. Placer un bon fromage qui pue dans la tour d'ordinateur du collègue, à proximité d'un ventilateur.

7. Pendant les congés d'un collègue, placer quelques lentilles dans son clavier. Arroser avec parcimonie et douceur.

8. Enduire le combiné téléphonique de cirage. L'appeler. Glousser comme si vous aviez dix ans.

9. Faire une capture d'écran du bureau. Puis faire un clic droit, cliquer sur « Affichage » et décocher l'option « Affichez les éléments du bureau », pour faire disparaître toutes les icônes. Enfin, installer le nouveau fond d'écran.

10. Laisser un Post-it sur le bureau d'un collègue en lui indiquant de rappeler un certain M. Lion, et donner comme numéro celui du zoo le plus proche.

11. Changer la page d'accueil de votre collègue pour Youporn, si possible juste avant une réunion importante.

12. Débrancher la souris du collègue le plus proche de vous, et en brancher une autre que vous poserez discrètement à vos pieds. La faire bouger de temps en temps. Intervenir avant la dépression nerveuse.

LES 10 TOC que vous pourriez avoir durant vos derniers jours d'activité

Vous les avez retenus pendant tellement d'années qu'ils pourraient vous échapper en même temps que retombe la pression.

1. Ajouter « Rien à foutre » sur le *paperboard* récapitulant les objectifs trimestriels.
2. Dire « Dis Camion » et faire « pouet pouet » à la fille de la compta.
3. Vous lever en réunion, péter et vous rasseoir tranquillement.
4. Faire tomber exprès tous les plateaux de la cantine.
5. Faire pipi dos aux toilettes, face à la porte.
6. Asperger votre collègue qui pue de déodorant et le poursuivre partout dans les couloirs en courant.
7. Signer tous vos e-mails par « Cordialement, bisous.»
8. À la question « Où est le dossier en cours ? », répondre « Dans ton cul. »
9. Dire « TA GUEULE » quand on vous demande comment ça va.
10. Au début d'un déjeuner d'affaires qui traîne un peu, lancer « Bon, on mange ou on se paluche ? Personnellement j'ai pas très faim. »

SOUVENIRS SOUVENIRS...

Entourez parmi ces trente-deux adjectifs ceux qui correspondent le mieux à votre parcours professionnel. Si vous ne trouvez rien, ajoutez les vôtres.

- Trépidant	- Cruel
- Laborieux	- Enthousiasmant
- Enrichissant	- Chaotique
- Chiant à mourir	- Fatiguant
- Angoissant	- Abrutissant
- Déprimant	- Alimentaire
- Imprévu	- Infernal
- Folklorique	- Rigolo
- International	- Atypique
- Sous-exploité	- Nul
- Passionnant	- Féerique
- Débilitant	- Prévisible
- Aliénant	- Peinard
- Sclérosant	- Inhumain
- Éblouissant	- Décevant
- Original	- Interminable
-	-
-	-
-	-
-	-
-	-
-	-
-	-
-	-
-	-
-	-

TOP 14 des cadeaux de départ les plus pourris qu'on peut trouver sur le Net

C'était bien la peine qu'ils se cotisent. On a écumé les sites Web les plus distingués pour vous dégoter les cadeaux les plus inoubliables. Florilège. De rien, vraiment, ça fait plaisir.

1. Panneau façon plaque de ville :

   LA RETRAITE
   Lieu-dit « Le Tranquiloubilou »
   Ville jumelée avec Faitepachier – Chuipénard

   6,60 euros sur www.priceminister.com

2. Tee-shirt « RETRAITÉ ET FIER DE L'ÊTRE »

   13,99 euros sur www.amazon.fr

3. Stickers « RELAX, J'SUIS À LA RETRAITE » à coller sur le pare-brise arrière.

   2,51 euros sur www.stickersmalin.com

4. Rouleau de papier WC imprimé :
   « Retraite : on n'est pas encore au bout du rouleau, mais plutôt à la fin des emmerdes. »

   4,50 euros sur www.feezia.com

5. Écharpe tricolore « MISS RETRAITÉE »

   8,99 euros sur www.boutique-jourdefete.com

6. Bonnet de nuit imprimé « Retraité : fini le stress, bonjour la paresse !! »

   8,50 euros sur www.boutique-jourdefete.com

7. Médaille d'or humoristique sur cordon tricolore, gravure :

   « Médaille d'or de la RETRAITE – Grand prix d'EXCELLENCE »

   5,90 euros sur www.rapid-cadeau.com

8. Chapeau humoristique « VIVE LA RETRAITE » surmonté de trois cocotiers en tissu.
9,99 euros sur www.boutique-jourdefete.com

9. Rouleau de papier WC imprimé « La retraite, ça soulage !!! »
4,25 euros sur www.boutique-jourdefete.com

10. « Diplôme du Super Retraité » sous verre, cadre en bois peint, à accrocher ou à suspendre.
7,60 euros sur www.le-genie-arverne.com

11. Tablier avec texte humoristique :
« La retraite : purée que c'est bon ! »
15,95 euros sur www.tikbou.com

12. Casque « anti-soif » avec deux supports à canette et deux pailles intégrées, imprimé :
« Vive la retraite – Je me la coule douce ! »
12,90 euros sur www.tikbou.com

13. Biberon humoristique imprimé :
« Vive la retraite et la tétée à volonté »
8,73 euros sur www.zizipouetpouet.fr

14. Boîte surprise « Spécial Retraite » contenant trois gadgets sexy et humoristiques
10,02 euros sur www.zizipouetpouet.fr

JEU DU BINGO

Cochez ces vingt-quatre phrases et expressions typiques de pot de départ au fur et à mesure que vous les entendez. Au bout de cinq, vous avez gagné (le droit de partir en retraite) !

Tu vas nous manquer…	Le ticket est dans le sac si tu veux échanger.	Je te vois encore arriver, ce lundi matin, avec ta chemise moche et ta tête de con.	Ça y est, c'est le grand jour ?	Heureux de t'avoir croisé.	On reste en contact !
Nouveau départ	Il manque un peu de fraîcheur, le cidre.	Ça va nous faire drôle.	Une page se tourne.	Chemin parcouru.	Bon bah, tchin, hein.
Qui veut un gobelet ?	Alors, comment tu comptes t'occuper ?	Encore un peu de cidre ?	T'as besoin d'aide pour ranger ?	Les cadeaux, les cadeaux, les cadeaux !	Il reste des cacahuètes ?
Un discours, un discours, un discours !	J'ai vraiment apprécié de travailler avec toi.	Passe nous voir quand tu veux !	C'est mon verre, ça ?	Alors, ça fait quoi ?	Bon, faut que je file…

LES 11 CHOSES que vous risquez d'avouer si vous êtes ivre à votre pot de départ

« In vino veritas », *« in cidre »* aussi, mais toute vérité n'est pourtant pas bonne à dire. Celles-ci, en particulier.

1. Vous pouvez pas savoir le bien que ça va me faire de ne plus voir vos gueules de cons.
2. Le seul truc qui m'emmerde, c'est que je ne pourrai plus chourer les ramettes de papier.
3. Si vous saviez comme je m'en tape, du taux de pénétration du marché.
4. J'ai menti à l'entretien, mon plus gros défaut c'est pas « perfectionniste », c'est plutôt « gros enfoiré ».
5. Le Corbeau, c'était moi. Ça va, c'était pour rire.
6. Mon diplôme en vrai je l'ai pas eu mais ça change rien, la preuve : vous m'avez pris quand même.
7. C'est fou le nombre de conneries que vous avez dites en si peu d'années, je peux compter, je les ai toutes notées dans un carnet.
8. J'ai toujours acheté chez le concurrent.
9. Vous avez jamais remarqué que mon môme tombait malade pendant tous les grands matchs de Roland-Garros ?
10. J'ai pas de môme.
11. Questions pour un champion

Petits exercices spécial retraités : 18 QUESTIONS pour tester votre mémoire

1. Prénom de trois personnes de votre promo : ....
2. Montant de votre première fiche de salaire : ....
3. Nom de votre premier boss : ....
4. Prénom de sa secrétaire : ....
5. Intitulé exact de votre fonction : ....
6. Durée d'exercice de votre fonction : ....
7. Date de votre première augmentation : ....
8. Date de votre premier licenciement : ....
9. Couleur des murs de votre premier bureau : ....
10. Film ou tube ayant marqué votre première année de travail : ....
11. Prénom et nom de votre petit(e) ami(e) de l'époque : ....
12. Président en fonction à l'époque : ....
13. Marque de votre voiture lors de votre premier job ou ligne de métro utilisée : ....
14. Temps de trajet : ....
15. Lieu de votre premier séminaire : ....
16. Adresse de votre premier bureau : ....
17. Adresse où vous viviez à cette époque : ....
18. Numéro de votre poste téléphonique : ....

VOS PREMIERS PAS DE RETRAITÉ

16 PETITS BONHEURS

du premier jour de retraite

Ce premier jour aura une saveur particulière : celle de la nouveauté. Et ces petits plaisirs-là, vous allez y goûter puissance 1 000.

1. Vous endormir vieux salarié, vous réveiller jeune retraité.
2. Faire sonner votre réveil à 6 h 30 et vous rendormir.
3. Rester très longtemps sous la douche.
4. Vous recoucher tout humide.
5. Laisser passer le bus cinq fois, pour le seul plaisir que ça ne vous mette pas en retard.
6. Aller chercher du pain frais comme si c'était dimanche.
7. Rater le début de *Télématin*.
8. Et le regarder en *replay* en entier, pour la première fois de votre vie.
9. Boire votre café assis.
10. Et même en prendre un deuxième.
11. Traîner en pyjama toute la journée.
12. Faire vos courses aux heures creuses.
13. Répondre au téléphone sans parler à voix basse.
14. Faire pipi avec de la lumière, puisque vous avez enfin eu le temps de remplacer l'ampoule.
15. Aller chercher vos petits-enfants à l'école.
16. Commencer l'apéro à 17 h.

11 PROGRAMMES TÉLÉVISUELS connotés « retraités »

Vous ne voulez pas (déjà) entrer dans le stéréotype du retraité ? Les dix émissions à ne regarder sous aucun prétexte.

1. Eurovision
2. Tour de France
3. Miss France
4. Vivement dimanche
5. Télématin
6. Plus belle la vie
7. Des chiffres et des lettres
8. 30 millions d'amis
9. Les douze coups de midi
10. Téléshopping
11. Questions pour un champion

15 ÉTAPES qui vous avaient déjà mis un petit coup de vieux*

Ce n'est pas la première fois que vous avez l'impression de prendre plusieurs années d'un coup. Ça aussi, ça vous a fait un drôle d'effet.

1. La tête de Brigitte Bardot.
2. Votre tête ce matin en vous levant.
3. La tête du copain sur Facebook, perdu de vue depuis quarante ans.
4. Le jour où votre patron est devenu plus jeune que vous.
5. La première fois que vous avez répondu par votre année de naissance, quand on vous a demandé votre âge.
6. Le jour ou votre aîné a signé son premier CDI.
7. Quand votre dossier « Fiches de paie » n'a plus tenu dans une chemise et qu'il a fallu passer au dossier cartonné à lanière.
8. Le premier récapitulatif de carrière reçu de l'Assurance Retraite.
9. La première fois que la plongée dans un menu déroulant pour rechercher votre année de naissance vous a semblé interminable.
10. Quand vous avez vu partir votre meilleur copain pour la retraite.

---

* Une liste à retrouver en partie avec soixante-dix-neuf autres aussi drôles et fines dans le *Guide de survie des jeunes grands-parents*, mêmes auteurs, même éditeur.

11. La première fois que vous avez refusé de participer à l'*after* d'un pot de départ.
12. L'achat de votre sac à dos spécial ordi pour soulager votre dos.
13. Le jour où vous avez trouvé indécent et pervers de « draguer » la stagiaire.
14. La première fois que vous n'avez pas eu d'érection en la voyant.
15. La première fois que vous n'avez pas eu d'érection tout court.

TOP 1 des angoisses classiques du retraité

1. Mais qu'est ce que je vais pouvoir foutre jusqu'à 20 heures ?

23 RÊVES que vous allez pouvoir réaliser

Il y a ceux qui se targuent d'avoir réalisé leur rêve. Vous vous apprêtez à concrétiser vingt-trois fois plus.

1. Être bronzé toute l'année.
2. Repasser vos chaussettes.
3. Espionner vos voisins.
4. Avoir un monte-escalier.
5. Partir en vacances sur un coup de tête.
6. Ne plus avoir l'angoisse du dimanche soir.
7. Remettre tout à demain et même à après-demain, sans culpabiliser.
8. Répertorier votre cave à vin.
9. Parvenir au niveau 6 de Candy Crush en enlevant la gélatine.
10. Trier vos clous par taille.
11. Avoir un agenda tout propre, sans rien écrit dessus.
12. Être payé à ne rien foutre.
13. Trier vos photos de 1981 à aujourd'hui.
14. Ranger votre garage.
15. Vous épiler les deux jambes le même jour.
16. Réparer la chasse d'eau.
17. Déclarer vos impôts 2011.
18. Vous mettre à la peinture.

19. Faire vos comptes.
20. Vous occuper de vos petits-enfants.
21. Et même les rencontrer enfin.
22. Décider de vous mettre à la cuisine, au sport, à la peinture, au yoga et à l'humanitaire.
23. Et remettre ça aussi à (après-)demain.

11 ÉCUEILS à éviter pour être un retraité épanoui

La tentation sera peut-être là, mais par pitié, n'y cédez pas.

1. Croire sur parole ceux qui affirment que « la retraite, c'est que du bonheur ! »
   Le risque : culpabiliser à mort si vous angoissez un peu, en pensant à tous ceux qui ont un travail prenant et de VRAIES raisons d'angoisser.

2. Croire sur parole ceux qui affirment que c'est le début de la fin.
   Le risque : avoir envie d'en finir avant même d'avoir fini votre premier mots croisés.

3. Combler le vide en vous mettant en disponibilité totale pour tout le monde.
   Le risque : être harcelé par vos enfants, vos petits-enfants et vos parents à qui vous avez promis d'être là 24 heures sur 24 et 7 jours sur 7.

4. Passer vos premiers mois de retraite dans votre lit.
   Le risque : avoir le moral dans les chaussettes et des escarres douloureuses.

5. Tenir à conserver le rythme effréné de votre ancien travail.
   Le risque : vous fatiguer à aller acheter du pain en coup de vent, vous précipiter pour aller chercher le courrier, courir à votre voiture, foncer sur le lave-linge, consulter votre montre en proférant « c'est chaud, c'est chaud », claquer la porte d'un commerçant en hurlant « Pas le temps, je te rappelle ! »

6. Confectionner des petits cercueils pour les expédier anonymement à vos anciens patrons.
Le risque : passer votre retraite en prison.

7. Prendre une feuille et un stylo et commencer à écrire : « Ceci est mon testament ».
Le risque : mettre la charrue avant les bœufs, et un pied dans la tombe.

8. Passer toute la journée en pyjama.
Le risque : y prendre goût.

9. Téléphoner quotidiennement à votre entreprise pour leur demander si tout va bien.
Le risque : récolter une plainte pour harcèlement moral.

10. Arrêter de vous laver les dents parce que de toute façon vous ne voyez personne de la journée.
Le risque : ne VRAIMENT plus voir personne de la journée.

11. Parier toute la journée au PMU pour compenser l'absence de ces montées d'adrénaline que vous aviez au travail.
Le risque : devenir accro aux jeux et au Ricard à 10 heures.

22 PREUVES que la retraite, c'est pas encore vraiment intégré

Bien sûr, dans le fond, vous le savez. Mais c'est encore un petit peu trop au fond.

1. Vous dites « on » en parlant de votre ex-entreprise.
2. Vous vous réveillez en sursaut à 6 h 23 tous les matins.
3. Vous rôdez autour de vos anciens bureaux.
4. Pour partir en week-end prolongé, vous avez commencé à rédiger une demande de congés.
5. Vous n'avez pas rompu avec la fille / le mec / les deux du service compta.
6. Vous cherchez vos tickets restau pour payer l'addition.
7. Vous vous êtes fait tatouer votre badge sur le torse.
8. Vous demandez toujours une fiche quand vous faites le plein.
9. Vous allez au cinéma le vendredi soir et prenez vos vacances entre le 15 juillet et le 15 août.
10. Vous êtes encore déprimé le dimanche soir.
11. L'autre soir vous avez présenté votre femme en disant : « ma collaboratrice ».
12. Vous vérifiez systématiquement qu'il n'y a personne derrière vous avant de vous connecter à Facebook.
13. Vous faites des rêves érotiques sur PowerPoint.
14. Vous pleurez quand vous lisez une offre d'emploi dans le journal.

15. Vous suppliez votre médecin de vous faire passer une visite médicale, juste une, s'il vous plaît Docteur.

16. Vous portez une cravate pour aller acheter du pain.

17. Vous l'enlevez systématiquement en même temps que vos lacets quand vous rentrez chez vous, pour limiter les risques de suicide par inadvertance.

18. Vous cherchez toujours les toilettes pour hommes chez vous.

19. Vous êtes pris de sanglots incontrôlables quand vous entendez le bruit d'une photocopieuse.

20. Vous avez dit « comme un lundi » alors que personne ne vous a demandé comment ça allait.

21. Vous tenez absolument à manger votre déjeuner sur un plateau et à faire un tour de la cuisine avant de le poser sur la table.

22. Vous dites « C'est pas moi » quand vous pétez alors que vous êtes tout seul.

LES 12 RÉFLEXIONS qu'on vous fait pour vous consoler mais qui ne vous consolent pas beaucoup

L'intention est sûrement bonne, mais le résultat plutôt médiocre.

1. T'inquiète, depuis que t'es parti on ne voit pas la différence.
2. Le stagiaire qui te remplace est vachement bien.
3. Le robot qui te remplace est vachement efficace.
4. Mon amour, vu ce que tu gagnais, ça changera pas grand-chose.
5. À ton âge, tu mérites bien un peu de repos.
6. Tu vas ENFIN pouvoir prendre soin de toi.
7. On sentait bien que tu en avais marre et que tu manquais de motivation.
8. Depuis quand ? Oh, une bonne décennie je dirais.
9. Tu vas enfin pouvoir être utile à quelque chose ou à quelqu'un.
10. Je te vois bien bénévole dans le milieu associatif, cool, tranquille, comme au boulot.
11. Passe nous voir quand tu veux, ça t'occupera.
12. En plus tu verras, depuis que t'es parti il y a une ambiance géniale.

12 BLAGUES à faire à votre petit-enfant, maintenant que vous avez du temps*

Trois horribles intrus à ne surtout pas faire se sont glissés dans cette liste. Saurez-vous les retrouver ?

1. Lui dire « Oh regarde la petite bête là », et gober son Flanby.
2. Envelopper un œuf de poule dans du papier Kinder.
3. Éternuer derrière son dos et l'asperger en même temps avec vos mains mouillées.
4. Lui déclarer que son doudou puant est mort et célébrer solennellement ses funérailles avec un joli cercueil fabriqué par vos soins à enterrer dans le fond du jardin.
5. Faire semblant que vous êtes mort, avec de l'écume au bord des lèvres, et vous relever en criant « BOUH » quand il se met à pleurer.
6. Vous faire passer pour le Père Noël au téléphone (Le saviez-vous ? Dans 99,9 % des cas, le grand-père se fait griller).
7. Pour son anniversaire, lui offrir une grande boîte contenant une moins grande boîte contenant une moins grande boîte contenant une moins grande boîte, etc., contenant un pauvre papier avec marqué « Je t'aime GRAND comme ça. »
8. Vider un œuf, le retourner, lui demander d'ouvrir son œuf à la coque. (Lui donner autre chose à manger, quand même, avant de le coucher).

---

* PUB : Une foule d'autres listes à découvrir dans le *Guide de survie des jeunes grands-parents*, mêmes auteurs, même éditeur !

9. Lui offrir une orange à Noël, et filmer ses réactions (prévoir un vrai cadeau pour après).

10. Faire comme si vous preniez son nez en coinçant votre pouce entre votre index et votre majeur, le manger, lui remettre avant qu'il ne tombe en dépression.

11. Lui raconter l'histoire du *Petit Poucet*, l'emmener en forêt, et démarrer en trombe après l'avoir fait descendre de voiture.

12. Lui assurer que « dame du GPS », c'est un vrai métier d'avenir, même si c'est pas toujours facile de vivre dans une si petite boîte.

14 ACCESSOIRES professionnels à recycler

Eux aussi ont pris leur retraite. Eux aussi ont droit à une seconde vie.

1. L'attaché-case : une glacière pratique pour la pêche.
2. Les cravates : des laisses pour vos petits-enfants.
3. Le costume : dans la malle des déguisements.
4. La calculette : vous aidera pour faire travailler vos petits-enfants.
5. Les mocassins : affectés aux tâches de jardinage.
6. Le stylo : peut servir de fléchette à votre jeu de cible.
7. La montre : dans la cuisine pour la cuisson des œufs durs.
8. La carte American Express : pour gratter les crottes de mouches sur les vitres.
9. L'agenda : pour les listes de courses.
10. Le formulaire de frais de déplacement : pour votre budget mensuel.
11. Le bloc-notes : pour écrire vos mémoires.
12. Les bons de commande : pour jouer à la marchande avec votre petite-fille.
13. Le classeur protège-documents : un joli album photo.
14. La valise d'échantillons : la valise pour ranger les bouteilles d'apéro, les échantillons pour caler le pied de la table.

12 PREUVES que vous vous ennuyez (un peu)

Vous affirmez le contraire, mais il y a certains détails qui ne trompent pas.

1. Vous triez vos déchets par ordre alphabétique.
2. Vous attendez le facteur avec impatience et vous l'accueillez en aboyant.
3. Vous prévoyez une demi-heure de battement avant *Des Chiffres et des Lettres*, pour avoir le temps de bien vous installer.
4. Vous suppliez les prospecteurs téléphoniques de ne pas raccrocher.
5. Vous avez participé au grand jeu-concours « Parrainez une vache » du camembert Président.
6. Vous vous brossez les dents douze minutes.
7. Vous avez pris en otage un vendeur de calendrier et vous avez été obligé de l'attacher pour qu'il vous fasse la discussion.
8. Vous lisez soigneusement vos spams.
9. Vous prenez le temps de répondre « Je vous remercie pour votre aimable proposition, mais mon pénis a une taille tout à fait convenable. Cordialement. »
10. Vous faites les mots croisés les yeux bandés, pour que ça vous prenne un peu plus de temps.
11. Vous appelez tous vos proches pour les prévenir qu'il y a une promo sur le boudin chez Carrefour Market quand vous recevez un prospectus.
12. Vous vous êtes créé une page Wikipédia.

LES 7 CLIENTS que vous ne regretterez pas et ce que vous auriez aimé leur dire

Ceux-là, rien qu'à imaginer ne plus jamais les croiser, vous avez les fesses qui font bravo. Et l'envie de vous repasser le film, version honnête.

1. Celui qui a toujours trouvé mieux et moins cher avant que vous n'ouvriez la bouche. « Chez Frouchard, ils sont vraiment au top : qualité, délai, prix... bon, mais allez-y vite, on ne sait jamais. Qu'est ce que vous avez à vendre ? »
   - ☐ Votre réponse habituelle : « Je vous suis très reconnaissant de me recevoir. Je vais être concis et vous faire mes meilleures propositions. »
   - ☐ Ce que vous auriez aimé lui dire : « Alors, enfoiré, dans ma besace, j'ai de belles bananes à vendre, des clefs de 12 et un porc-épic jamais servi. Je te les emballe ou tu les préfères tout de suite dans la tronche ? »

2. Celui qui a toujours une heure de retard : « Je suis désolé, j'avais un dossier important. »
   - ☐ Votre réponse habituelle : « Aucun souci, j'en ai profité pour affiner ma proposition. »
   - ☐ Ce que vous auriez aimé lui dire : « La prochaine fois que tu me fais poireauter comme ça, je te fais bouffer ta Rolex pour t'apprendre à vivre. »

3. Celui qui oublie le rendez-vous. « Alors là, c'est marrant, j'ai complètement zappé ! »
   - ☐ Votre réponse habituelle : « Oui, votre secrétaire m'a dit que vous étiez débordé, ces temps-ci. »
   - ☐ Ce que vous auriez aimé lui dire : « Tiens, en parlant de marrant, tu te mets à genoux devant moi, non, pas

courbé, à genoux, j'ai dit, et tu me cires les pompes jusqu'à ce que je te dise stop. Exécution ! »

4. Celui qui vous raconte sa vie. « Alors, en fait, la mère de ma première femme vivait à Montargis, et, pfft, comme ça, elle a décidé de déménager dans l'Oise, à... ah vous savez, près de Chantilly, zut comment ça s'appelle ? »
   - ☐ Votre réponse habituelle : « Euhhh, voyons, Creil, peut-être ? »
   - ☐ Ce que vous auriez aimé lui dire : « Non mais attends, tu veux qu'on déplie la carte, qu'on déclenche un avis de recherche, qu'on envoie un drone de reconnaissance ? Et si tu fermais ta grande bouche une bonne fois pour toutes, ce serait pas une bonne idée, ça ? »

5. Celui qui répond sans arrêt au téléphone. « Excusez-moi, ça n'arrête pas. »
   - ☐ Votre réponse habituelle : « Mais je vous en prie. »
   - ☐ Ce que vous auriez aimé lui dire : « Attends, Pépère, ça va comme ça. Tu me donnes ton portable, merci, et... oh il est tombé, pas solide, dis donc, et puis tiens, crac crac et crac sous ma chaussure, oh qu'ils sont mignons tous ces petits circuits imprimés ! »

6. Celui qui prend un malin plaisir à vous piéger. « Vous m'aviez bien dit l'autre jour, 6 % de remise sur le TTC ? »
   - ☐ Votre réponse habituelle : « Nous avions parlé de 4, sur le HT, et au-dessus de 10 000 pièces, M. Pruchier. »
   - ☐ Ce que vous auriez aimé lui dire : « Bien tenté Billy, mais à moi on ne me la fait pas. On continue à jouer aux cons ou on fait une belote ? »

7. Celui qui vous fixe systématiquement rendez-vous à 11 h 30 pour que vous l'invitiez à déjeuner. « Oh mais dites donc, 12 h 45 déjà, c'est qu'on commence à avoir faim ! »

☐ Votre réponse habituelle : « Justement, seriez-vous libre à déjeuner ? L'occasion de poursuivre agréablement notre conversation ! »

☐ Ce que vous auriez aimé lui dire : « Bon, écoute-moi bien : la vache à lait a mal aux pis. Donc, si tu n'as pas signé ce bon de commande dans trois minutes, je te le fais bouffer en cinq exemplaires. Et l'avantage, c'est que tu pourras sauter un repas. »

LES 13 TRUCS qui vous manquent un peu quand même

Chaque jour (surtout entre 6 h et 11 h) vous appréciez votre nouvelle liberté. Mais bosser, ça avait quand même quelques petits avantages que vous auriez tendance à regretter.

1. Votre mutuelle.
2. Vos tickets restau.
3. Le Noël des enfants.
4. Le treizième mois.
5. Le badge d'autoroute.
6. La frénésie des derniers jours avant les vacances.
7. Votre salaire.
8. Les fins de réunion.
9. L'excitation du vendredi soir.
10. Le sommeil de plomb après certaines journées éprouvantes.
11. La satisfaction du travail bien fait.
12. Une bonne excuse pour rentrer tard.
13. Et une autre pour ne pas aller chez votre belle-mère.

15 QUESTIONS qu'il vous faudra régler en couple

En vous imaginant retraités, vous vous voyiez gambader en palmes sur une plage paradisiaque. La réalité risque de vous rattraper, et la nécessité de résoudre quelques dilemmes aussi.

1. On vend la maison même si les enfants l'ont quittée ou on la garde pour les fois où ils reviennent ?
2. Dans la chambre du petit, on fait une chambre d'amis ou une salle de sport ?
3. Si on vend et qu'on achète plus petit, on claque le fric tout de suite ou on le garde pour quand on sera grand ?
4. On reste là ou on part vivre loin ?
5. Loin comment ? De l'autre côté du périph ou de l'autre côté de l'océan ?
6. On fera comment pour se trouver des amis là-bas ?
7. Sur quoi on économise, avec 50 % de revenus en moins ?
8. Ta retraite, elle sera versée sur notre compte commun ou sur ton compte à toi ?
9. Sucre ou sucrettes ?
10. On va voir le dernier *James Bond* ou un film suédois des années vingt ?
11. Le golf, je démarre en solo ou on s'y met tous les deux ?
12. Beurre ou margarine ?
13. Pour les tâches ménagères, qui fait quoi ?

14. On fait un étage pour toi et un pour moi dans le réfrigérateur ou on continue à mélanger ?

15. On divorce ou pas ?

21 CHOSES à dire ou faire si vous voulez profiter du célibat en même temps que de votre retraite

C'est le moment ou jamais de vous taper un(e) p'tit(e) jeune. Première étape : faire table rase du passé. Nos méthodes (pas toutes) testées.

1. Pousser des petits gémissements de plaisir en vous enroulant dans la couette comme un gros sushi quand l'autre se lève pour aller bosser.
2. Puis lui lancer : « Tu pourrais veiller à faire moins de bruit le matin ? C'est insupportable, ces gens qui ont besoin de se lever pour aller travailler. »
3. Au moment de vous coucher, murmurer : « Mon amour, si on refaisait un bébé ? »
4. Ou : « À partir de maintenant, tu cries "Mamie" quand on fait l'amour. »
5. Lui proposer de s'installer en maison de retraite la semaine prochaine.
6. Le prévenir que vous allez proposer à votre mère de venir vivre à la maison, maintenant que vous avez du temps.
7. Mettre les pieds sous la table en lui disant que vous êtes épuisé(e) de votre journée quand il/elle rentre de la sienne.
8. Passer le doigt sur un meuble et l'examiner d'un air dégoûté en disant « Tu n'as plus de Pliz ? »
9. Évoquer vos projets de retraite en commençant par : « Je m'étais toujours dit qu'à la retraite, je ferais bien un peu de porno. »

10. Ou « Ça te dit qu'on visite la Syrie ? »
11. Lui demander de passer au pressing en rentrant du boulot.
12. Attendre le dimanche pour aller voir vos parents avec lui.
13. Bâiller très fort quand il vous parle de son boulot.
14. Lui offrir du petit électroménager pour son anniversaire.
15. Marmonner : « C'était meilleur à la cantine. »
16. Le tenir scrupuleusement au courant des dispositions reculant l'âge de la retraite.
17. Le faire culpabiliser de ne pas être disponible quatre semaines pour des vacances aux Îles Vierges en février.
18. Partir quand même, juste après avoir dit « C'est vraiment dur, ce que tu me fais. »
19. L'accueillir triomphalement le soir en lui disant : « J'ai sorti la poubelle ! »
20. L'encourager quand il part bosser très tôt en lui disant : « Je me demande comment tu fais. »
21. L'accueillir à son retour par un spontané : « Tiens, t'es déjà là toi ? »

11 FAÇONS de recréer une ambiance bureau à la maison si ça vous manque un peu

Si on vous avait dit qu'un jour vous seriez nostalgique de votre lieu de travail, vous ne l'auriez pas cru. Nos petites astuces pour replonger dans le passé.

1. Faire tomber toutes les cloisons de votre domicile pour en faire un *open space*.
2. Inviter un ami qui a mauvaise haleine, pour vous rappeler ce bon vieux Didier.
3. Dire « Bonjour tout le monde, ça a été le week-end ? », quand vous entrez dans votre cuisine vide le lundi matin.
4. Organiser un pot de départ à chaque fois que votre moitié va faire les courses.
5. Enregistrer le bruit d'une photocopieuse et la passer en boucle chez vous.
6. Proposer aux voisins de venir poser leur pêche chez vous, pour croiser encore des effluves étrangers.
7. Vous barrer en sifflotant l'air de rien quand la photocopieuse que vous êtes seul à utiliser affiche « bourrage papier ».
8. Installer un bouton lumineux sur la porte de votre placard pour faire comme si c'était un ascenseur.
9. Répondre à un appel de vos parents et dire en raccrochant « Désolé, c'était mon N+1 »

10. Griffonner sur une feuille que vous scotcherez sur la porte de vos toilettes : « MERCI DE LAISSER CET ENDROIT AUSSI PROPRE QUE VOUS L'AVEZ TROUVÉ EN ENTRANT. »

11. Acheter un chat, le vouvoyer et lui donner le nom de votre boss.

10 DÉFINITIONS pour tester vos connaissances en mots croisés

Interro surprise ! Si vous avez moins de cinq bonnes réponses, vous devez ouvrir nu(e) à votre facteur demain matin.

1. Matière à réflexion (5 lettres)
2. Pot sur le feu (12 lettres)
3. Ne reste pas longtemps ingrat (3 lettres)
4. Vit sur un grand pied (4 lettres)
5. C'est en échouant qu'il est devenu célèbre (3 lettres)
6. Tour-opérateur (8 lettres)
7. Prélude au violon (7 lettres)
8. Précède une partie de billard (10 lettres)
9. Plat de côte pour grillade (5 lettres)
10. Verre solitaire (7 lettres)

Solutions

1. Glace ; 2. Chrysanthème ; 3. Âge ; 4. Grue ; 5. Noé ; 6. Magicien ; 7. Ébriété ; 8. Anesthésie ; 9. Plage ; 10. Monocle.

ET MAINTENANT : RETRAITÉ CONFIRMÉ

17 PREUVES que maintenant vous êtes un retraité, un vrai

Au début, votre nouveau statut de retraité vous serrait un peu, comme des chaussures trop neuves. Maintenant, vous y êtes comme dans des chaussons. Les petites choses qui prouvent que vous avez quitté le clan des « petits nouveaux ».

1. On ne vous dit plus : « Comment il va, le jeune retraité ? »
2. Les gens que vous rencontrez ne vous demandent même plus si vous êtes encore en activité ou pas.
3. La maîtresse de vos petits-enfants vous appelle par votre prénom.
4. Vous avez vraiment bonne mine.
5. Le dimanche est pour vous un jour comme les autres.
6. Vous êtes imbattable au jeu des sept familles.
7. Vous avez dessiné au cours des derniers mois un arbre généalogique.
8. Vous êtes à jour dans vos papiers.
9. On vous laisse régulièrement la place dans le bus.
10. Vous avez toutes les cartes de fidélité de toutes les enseignes près de chez vous.
11. Quand vous recevez un courrier stipulant qu'un cadeau d'anniversaire vous attend dans votre boutique Yves Rocher, vous allez le chercher.
12. Vous avez de plus en plus d'amis retraités comme vous.

13. On n'ose plus vous appeler « le vieux » en rigolant, c'en est presque vexant.
14. Vous avez fait vachement de progrès au golf.
15. Et en bricolage.
16. L'ensemble de vos enfants et de leurs amis possède une cuisine neuve.
17. Votre facture de chauffage a augmenté.

22 PETITS BONHEURS de grands-parents dont vous pouvez enfin profiter*

Attention, moments de plénitude : servez-vous, c'est gratuit.

1. Aller les chercher à la sortie de l'école.
2. Vous mettre accroupi et ouvrir vos bras pour qu'ils s'y écrasent à pleine vitesse quand ils vous revoient.
3. Relire pour la quinzième fois *Le Chat botté* avant qu'il ne s'endorme.
4. Trinquer pour l'apéro-grenadine dans son grand verre en plastique *Cars*.
5. Le sentir se glisser dans le lit au petit matin, chargé d'une cargaison de livres.
6. Voir ses yeux s'écarquiller à l'annonce d'une séance de cirque.
7. L'entendre au téléphone demander « C'est quand que je viens chez vous ? »
8. Jouer au monstre avec eux pendant des heures dans le jardin.
9. Réapprendre les règles du Mistigri et du Cluedo.
10. Les enlever à leurs parents pour les goinfrer de télé, de bonbons et de baisers.

---

* PUB : Une foule d'autres petits bonheurs à découvrir dans le *Guide de survie des jeunes grands-parents*, mêmes auteurs, même éditeur !

11. Aller draguer les jeunes (grands-)parents au square avec eux.
12. Leur demander de vous appeler « Papa » ou « Maman », pour replonger dans le passé.
13. Leur apprendre à bricoler.
14. Les emmener au manège et leur faire « coucou » autant de fois que le manège fait de tours.
15. Jouer au « premier qui rira ».
16. Perdre à chaque fois.
17. Écouter leurs confidences et n'en rien dire à leurs parents.
18. Prendre le temps de les consoler quand ils ont du chagrin.
19. Le chercher pendant des heures quand il se cache en prenant bien soin de ne pas marcher sur son pied qui dépasse du rideau.
20. Confectionner ensemble une « boîte à bonbons ».
21. Les voir s'y diriger aussitôt qu'ils arrivent.
22. Prendre la main qu'ils nous tendent pour aller où ils veulent, quand ils veulent.

LES 17 MENSONGES qu'il est d'usage de faire quand on est retraité

Le retraité a tendance à transformer un peu la vérité, c'est même à ça qu'on la reconnaît.

1. Je n'ai jamais été aussi débordé que depuis que j'ai pris ma retraite.
2. Je suis impliqué dans cinquante-quatre associations caritatives.
3. Je ne me suis jamais senti aussi bien dans mes pompes.
4. Pour rien au monde je ne reviendrai à mes trente ans.
5. Du via-quoi ? Viagra ? Connais pas.
6. La maturité ça rend les gens beaux. Il n'y a qu'à voir Brigitte Bardot.
7. J'en profite pour faire beaucoup d'expos.
8. Le sport maintenant, je ne peux plus m'en passer.
9. Le dernier Goncourt ? Bien sûr que je l'ai lu.
10. Mes enfants et petits-enfants savent qu'ils peuvent compter sur moi nuit et jour.
11. Bien sûr que c'est une tarte maison.
12. Si j'étais devant Miss France ? Tu m'as bien regardé ?
13. J'ai quarante ans et demi.
14. La chirurgie esthétique ? Jamais !
15. C'est presque gênant d'être payé à ne rien foutre.
16. Goûtez-moi ça, c'est les tomates du potager.
17. Bon je file, je suis un peu à la bourre.

13 PERSONNES qui ne connaîtront jamais la retraite

Tous ces petits bonheurs que vous découvrez chaque jour, certains n'ont pas eu ou n'auront jamais la chance de les découvrir. Une pensée pour chacun d'eux.

1. Jean d'Ormesson
2. Charles Aznavour
3. Johnny Hallyday
4. Ben Laden
5. Line Renaud
6. Jeanne d'Arc
7. Amy Winehouse
8. Mamie Nova
9. La reine Élisabeth
10. Alain Delon
11. Van Gogh
12. Uncle Ben's
13. Le petit Grégory

PETITS EXERCICES SPÉCIAL RETRAITÉS

Sont-ils morts, retraités, ou accros au boulot ? Entourez la bonne réponse.

1. Hervé Vilard, chanteur entre autres de *Capri c'est fini* en 1965.
☐ Décédé ☐ Retraité ☐ Accro au boulot

2. Roger Lanzac, animateur de la mythique *Piste aux étoiles*.
☐ Décédé ☐ Retraité ☐ Accro au boulot

3. Caroline Loeb, celle qui préférait la ouate.
☐ Décédée ☐ Retraitée ☐ Accro au boulot

4. Patrick Hernandez, celui qui a participé à tous les mariages depuis 1979 avec son (unique) tube *Born to Be Alive*.
☐ Décédé ☐ Retraité ☐ Accro au boulot

5. Margaret Thatcher, la « Dame de fer » née en 1925.
☐ Décédée ☐ Retraitée ☐ Accro au boulot

6. Twiggy Lawson, emblème et mannequin culte des années 1960.
☐ Décédée ☐ Retraitée ☐ Accro au boulot

7. Jacques Bodoin, le chansonnier aux mille talents.
☐ Décédé ☐ Retraité ☐ Accro au boulot

8. Denise Fabre, animatrice de talent ayant marqué toute une époque notamment avec de célèbres fous rires en direct.
☐ Décédée ☐ Retraitée ☐ Accro au boulot

Solutions

1. Retraité. Capri c'est fini, mais ce n'est pas fini pour Hervé Villard qui va bien, merci pour lui.
2. Décédé. Le 26 novembre 1996, *L'Humanité* titrait « Roger Lanzac quitte la piste ».
3. Accro au boulot. Elle était sur scène en 2015 pour la pièce *Georges Sand, ma vie, son œuvre*, et poursuit les représentations en province.
4. Retraité, et heureusement parce que ça serait dommage d'être mort quand un titre continue de rapporter entre 800 et 1 500 euros par jour. (!!!)
5. Décédée, depuis 2013, à l'âge de 87 ans. Ses funérailles ont rassemblé 2 300 personnes dont la reine Elisabeth II, qui n'est pourtant pas très branchée obsèques.
6. Accro au boulot, puisque du haut de ses 67 ans, elle est devenue en 2015 égérie de la marque L'Oréal.
7. Retraité. À 94 ans au moment où nous écrivons, il coule des jours heureux à Dieulefit, dans la Drôme.
8. Accro au boulot. Après avoir aidé son mari, le chef Francis Vandenhende, jusqu'en 2007, date à laquelle le restaurant a fermé ses portes, elle s'est lancée en politique en janvier 2008 aux côtés de Christian Estrosi, et a occupé depuis ce jour plusieurs fonctions.

16 FAÇONS différentes de présenter les choses.

On ne dit pas : « Je suis à la retraite », on dit :

1. J'ai revendu mon affaire.
2. J'ai cessé mon activité.
3. J'ai décidé de prendre un peu de temps pour moi.
4. J'ai décidé d'emmerder le système.
5. J'ai pris quelques années sabbatiques.
6. J'ai tout quitté pour exercer librement ma passion pour la méditation.
7. Le moment est venu de donner mon temps à ceux qui ont eu moins de chance que moi.
8. Il y a plusieurs années que la Gaule Gardonaise de Brignac me tannait pour me confier la présidence de l'asso.
9. Je gère mon patrimoine.
10. J'ai besoin de faire le point.
11. J'ai tourné le dos au monde du travail qui ne me correspond plus.
12. J'ai dépassé ce besoin de s'identifier à une fonction économique pour exister.
13. J'ai généreusement décidé de laisser ma place à un jeune actif.
14. J'ouvre un resto avec concept inédit : c'est chez moi, gratuit, juste le dimanche, et rien qu'avec les potes et la famille.

15. Je m'installe en auto-entrepreneur. Pour l'instant, c'est très calme.

16. Je voudrais me consacrer à mon couple.

7 COLLECTIONS qu'il ne faut jamais faire à la retraite (ça n'excuse pas tout !)

La collection d'ongles rongés, passe encore. Mais celles-ci, par pitié, non.

1. **La schoïnopentaxophilie** est une collection d'un genre particulier. Il y a ceux qui collectionnent les savons, les poupées en porcelaine ou les beaux livres. Et puis il y a les schoïnopentaxophiles, qui collectionnent les cordes de pendus. Et pendant ce temps-là, Manuel Valls ne fait rien.
2. **Le canaroplastiquophile** prend son pied à collectionner les canards en plastique. Plus de 5 000, pour l'américaine Charlotte Lee, qui doit faire rêver tous les autres canaroplastiquophiles de la planète (deux, donc).
3. Rien n'arrête les **cucurbitacistes**, même pas de faire une collection dont le nom est imprononçable. Leur passion consiste à collectionner les étiquettes de melon. Une info à ressortir lors de votre prochain repas d'été, au cas où un petit rigolo voudrait se la raconter avec ses colliers en pépins.
4. Quelle est la différence entre un **fibulanomiste** et un adolescent ? Aucun. Tous les deux collectionnent les boutons. Sous l'acclamation du public en délire, une petite précision : dans le premier cas il s'agit bien sûr des boutons de mercerie.
5. La **philatélie**, trop surfait. Commencer une collection de timbres est une initiative aussi originale que de décider d'ouvrir une crêperie en Bretagne. D'ailleurs, il y a tellement de philatélistes que tous les timbres chouettes sont déjà sûrement pris.

6. La **sidérophilie** désigne la manie de collectionner les fers à repasser. Une forme dérivée du sadomasochisme, peut-être.
7. Le **notaphile** collectionne les factures. Une forme dérivée du sadomasochisme, sans l'ombre d'un doute.

11 FAÇONS de devenir bientôt grands-parents

Vous rêvez de petits-enfants pour vous occuper ? Il suffit de faire passer le message à leurs futurs parents, ou de les aider à le concrétiser. Mode d'emploi.

1. Offrir à votre fille et à son compagnon un week-end romantique dans un bel endroit.
2. Faire une interro surprise à votre fils sur cette histoire de graine, de choux et de cigogne, pour vérifier qu'il a toutes les infos en main (et ailleurs).
3. Confectionner une décoction de gingembre et noix de muscade à leur servir à l'apéro.
4. Trouer les préservatifs que vous trouverez chez eux, et planquer les boîtes de pilule.
5. Les emmener avec leur moitié dans un chalet dans les Vosges par - 40 degrés en oubliant le Scrabble et de mettre le chauffage.
6. Vous plonger dans *L'Art d'*être grand-père dès que vous les entendez arriver.
7. Promettre de financer un plus grand logement quand la famille s'agrandira.
8. Proposer à votre belle-fille de garder le bébé et même d'accoucher à sa place.
9. Tricoter des petites chaussettes, et en faire des guirlandes à accrocher partout chez vous.
10. Les faire boire beaucoup à chaque fois qu'ils viennent.

11. Leur annoncer avec des trémolos dans la voix que vos résultats d'analyse ne sont pas, mais alors pas bons du tout et qu'il ne vous reste pas longtemps à vivre. Combien ? Neuf mois, à peu près.

9 MOTS que vous retrouvez dans tous les mots croisés

Et dire qu'il y a quelques mois encore, vous vous arrachiez les cheveux dessus. Les mots à souffler aux débutants, pour vous la raconter un peu.

1. IO : un grand classique que cette déesse grecque transformée par Zeus en génisse.
   Exemples de définition : « Ah la vache ! »

2. DA, *oui* en russe.
   Exemple de définition : « Accord au Kremlin ».

3. PI, le fameux 3,1416.
   Exemples de définition : « Grecque archiconnue en mathématiques », « Admis dans tous les cercles », « Il en connaît un rayon ».

4. WU, dialecte parlé par 87 millions de Chinois.
   Exemple de définition : « Toute la Chine en parle ». Bonus : idéal à caser au Scrabble pour placer un *w* les doigts dans le nez.

5. RU, qui désigne les courants d'eau faibles.
   Exemples de définition : « Petit ruisseau », « Voie inachevée ».

6. KWA, langue parlée en Afrique.
   Exemple de définition : « L'Afrique en parle parfois ».

7. ESSE, crochet de boucherie.
   Exemples de définition : « Accessoire de boucherie, en forme de S », « Un crochet dans les beaux quartiers ».

8. RÉER, crier pour un cerf.
Exemple de définition : « Biche oh ma biche ! »

9. ESSORILLER, veut dire couper les oreilles (mot assez peu employé pour une action assez peu fréquente).
Exemple de définition : « Raccourcir les feuilles de chou ».

19 RÉPONSES possibles à la question « Tu fais quoi dans la vie ? »

Puisqu'il est d'usage de répondre à cette question par un exposé de ses fonctions professionnelles mais que vous n'en avez plus, quelques pistes pour ne pas rendre copie blanche.

JE FAIS...	**1.** ... beaucoup d'erreurs. **2.** ... caca le matin. **3.** ... du bien par où je passe. **4.** ... pas les choses à moitié. **5.** ... preuve de beaucoup d'intelligence. **6.** ... ce que je veux, avec mes cheveux. **7.** ... du boudin. **8.** ... le bonheur autour de moi. **9.** ... comme si de rien n'était. **10.** ... bien plus jeune que mon âge. **11.** ... semblant que je suis vieux. **12.** ... du mieux que je peux. **13.** ... toujours le contraire de ce qu'on me dit. **14.** ... rien que des bêtises quand t'es pas là. **15.** ... une quiche pour ce soir. **16.** ... l'admiration de tous. **17.** ... le tapin. **18.** ... illusion. **19.** ... l'École du rire.

14 CHOSES à faire pour pouvoir dire « Je fais un peu d'humanitaire » si vous n'en faites pas du tout

Après tout, « servir les autres », c'est une question de point de vue. Les actions à mettre en place pour pouvoir affirmer que vous êtes très engagé, sans rentrer dans le détail ni mentir tout à fait.

1. Inviter votre belle-mère à déjeuner.
2. Ne pas faire de croche-pied à une vieille femme dans l'escalier.
3. Manger du chocolat équitable.
4. Trier vos déchets.
5. Regarder le Téléthon.
6. Écouter un album des Restos du Cœur.
7. Laisser un pourboire dans un café.
8. Acheter un calendrier de pompier, de facteur ou d'éboueur.
9. Aller à l'inhumation d'une vieille tante éloignée.
10. Nourrir le chat du voisin pendant un week-end.
11. Tenir la porte à un monsieur à canne.
12. Laisser votre place à un plus vieux que vous dans le bus.
13. Faire du compost.
14. Vous prendre en selfie devant une manifestation altermondialiste et la poster avec les hashtags #lengagementcestmaintenant #grossejourneedebenevolatpourmoi. Puis retourner vous coucher.

6 PROBLÈMES de timing

Voilà la preuve, s'il en fallait une, que la vie est un peu une p***, parfois.

1. Vous avez plus de temps pour partir à la montagne et même la possibilité de le faire hors saison, mais de moins en moins envie de faire du ski.
2. Vous vous réveillez de plus en plus tôt, mais vous avez de moins en moins d'obligations.
3. Vous pouvez éventuellement vous installer en Suisse, mais votre compte est vide.
4. Vous avez plus de temps pour vous occuper de vos parents mais maintenant ils sont morts (ou ne comprennent plus grand-chose).
5. Maintenant que vous êtes plus disponible pour garder vos petits-enfants, ils ont école le mercredi.
6. C'est toujours quand vous n'y voyez rien parce que vous avez perdu vos lunettes que vous devez les retrouver.

12 INVENTIONS que vous pourriez mettre au point maintenant que vous avez le temps

Allez, s'il vous plaît. L'avenir de l'humanité en dépend. Au boulot.

1. Un objet pour se mettre de la crème dans le dos.
2. Un système d'ouverture vraiment facile pour les sachets de gruyère râpé.
3. Un appareil qui vide le lave-vaisselle.
4. Une montre qui permet d'être toujours à l'heure.
5. Un téléphone portable avec un an d'autonomie.
6. Une machine à arrêter le temps.
7. Un système pour trouver facilement le départ des rouleaux de PQ.
8. Un système de remplacement automatique des rouleaux de PQ vides.
9. Un système d'alarme sonore avertissant de l'absence de PQ dans les toilettes publiques.
10. Des emballages de CD à ouvrir sans avoir besoin de sortir la boîte à outils.
11. Une machine qui filtre les bruits de chewing-gum.
12. Un détecteur de chaussette orpheline.

8 RAISONS de ne jamais partir en croisière (jamais, vous entendez ?!)

Vous hésitez à embarquer ? Gardez vos sous pour les bonnes œuvres. Dix courts récits pour vous convaincre.

1. En 1912, le *Titanic* est le plus grand et luxueux paquebot jamais construit. Lors de son voyage d'inauguration reliant Southampton à New York, il heurte un iceberg et coule au large de Terre-Neuve, causant la mort de 1 500 personnes environ.

2. 15 décembre 1991 : Naufrage en mer Rouge, au large de Safagua (Égypte), du ferry-boat *Salem-Express* reliant Djeddah (Arabie Saoudite) à Suez (Égypte). Bilan : 476 morts.

3. 16 février 1993 : Le naufrage d'un bateau de transport haïtien, le *Neptune*, reliant Jérémie (sud de Haïti) et Port-au-Prince, fait 800 morts et près de 500 disparus.

4. 27 septembre 1994 : Le naufrage au large des côtes finlandaises du ferry *Estonia*, reliant Tallinn à Stockholm, fait 852 morts. On compte seulement 137 survivants. C'est la pire catastrophe maritime de bateaux civils dans les eaux européennes.

5. 26 septembre 2002 : Le ferry sénégalais *Le-Joola* s'échoue au large de la Gambie, causant la mort d'environ 1 863 personnes, pour seulement 64 rescapés. Le bateau assurait la liaison entre Ziguinchor, en Casamance, et Dakar.

6. 2 février 2006 : Près de 1 000 personnes meurent dans l'échouement du ferry *Al-Salam-Boccaccio-98* en mer Rouge, au large de la station balnéaire d'Hourghada, en Égypte. On compte quelque 400 survivants. Le ferry

assurait la liaison entre les ports de Douba (Arabie Saoudite) et de Safaga (Égypte).

7. 10 juillet 2011 : Cent vingt-deux personnes trouvent la mort lorsque le navire de croisière *Le-Boulgaria* se brise sur la Volga, au Tatarstan russe, à 800 km à l'est de Moscou.
8. 14 janvier 2012 : Onze personnes meurent dans le naufrage sur l'île du Giglio, en Toscane (Italie), du navire de croisière *Costa-Concordia* qui transportait, selon l'armateur, 4 229 personnes.

On nous ment ! 12 MOTS ET EXPRESSIONS que vous entendez parfois mais qui n'existent pas, en fait.

Ne les écoutez pas, ils font que de dire n'importe quoi.

1. Escarre
2. Prostate
3. Curatelle
4. Dégénérescence
5. Cors
6. Incontinence
7. Allocation personnalisée d'autonomie
8. Maltraitance
9. Bas de contention
10. Triple menton
11. Fonte de la masse musculaire
12. Alzheimer

LES PIRES MOTS ET EXPRESSIONS du jargon d'entreprise que vous avez déjà oubliés (veinard)

Du coup on a décidé de vous rafraîchir la mémoire.
De rien, ça nous fait plaisir.

1. « On se fait un *brainstorming* ? », ou l'expression qui vous donnait plutôt envie de faire une dépression.
2. « J'attends ta propal », d'autant plus agaçante qu'elle désigne au départ une « proposition commerciale » mais est désormais utilisée à toutes les sauces.
3. « C'est quoi ta *deadline* ? », ou l'expression qui porte bien son nom parce qu'elle vous donnait envie de mourir.
4. « ASAP », pour *As Soon As Possible*, que vous avez en vain tenté de transformer en « DQP » pour *Dès Que Possible*.
5. « C'est dans le pipe », à prononcer *païpe*, qui signifiait que c'était en cours.
6. La *To do*, pour *To do List*, pour « liste de choses à faire ». Commencer par parler français, peut-être ?
7. « Tu peux prendre le *lead* là-dessus », cette jolie façon qu'ils avaient de vous recoller un petit dossier supplémentaire en faisant passer ça pour un honneur.
8. « Tu reviens vers moi à ce sujet ? », cette expression horripilante qui vous donnait envie de faire demi-tour à la fin d'une réunion et de vous approcher de votre interlocuteur en disant « ça y est, je suis revenu vers toi. »

9. La « prez », pour « présentation ». Et l'envie de demander à tous ceux qui utilisent ce mot ce qu'ils font du temps gagné à ne pas le prononcer en entier.
10. « Être force de proposition ». Je vais te la montrer, tu vas voir, ma grosse force de proposition.

LES 10 PAYS où s'installer à la retraite

Et si vous abandonniez béret, baguette et fromage pour des contrées lointaines où il fait « mieux vivre » ?

1. Le Portugal : les retraites y sont exonérées d'impôt pendant dix ans.
2. La Thaïlande : plages de rêve, coût de la vie quasiment trois fois moins élevé qu'en France et une maison avec piscine pour le prix d'un F3 en France.
3. Le Maroc : des avantages fiscaux et un climat doux toute l'année.
4. Le Panama : coût de la vie inférieur de 30 % à celui de la France, plages de sable blanc et réductions à la pelle pour les retraités.
5. Le Costa Rica : douceur de vivre et prix bas (et si vous aimez l'animation : tremblements de terre et éruptions volcaniques assurés).
6. Malte : pour la qualité de la vie, ses richesses culturelles, et un climat agréable toute l'année.
7. La Roumanie : eh oui, un pays idéal si vous cherchez à dépenser le moins possible au quotidien tout en restant au sein de l'Union européenne. Paysages variés et français communément parlé.
8. La Bulgarie : une destination qui ne viendrait pas forcément à l'esprit, et pourtant, un bien joli pays, un prix de l'immobilier et un coût de la vie très attractifs.
9. La Malaisie : on y mange pour 1 € ou 1,50 €. Paysages et exonérations d'impôts à vous couper le souffle.

10. L'Australie et plus précisément la ville de Perth : convivialité et douceur de vivre avec presque 365 jours de soleil par an. Mais attention : réservé aux patrons retraités du CAC 40, car c'est très très loin et très très cher.

Source : Retraite sans frontières, Éditions DL Books.

14 CONTREPÈTERIES que vous aurez peut-être le temps de résoudre

On ne vous met pas les réponses, de peur d'être censurés par l'éditeur.

1. Ma pauvre bête n'a pas encore l'âge de l'arthrite.
2. Les stars à la retraite n'ont plus de résidence.
3. Une maison de retraite où l'on baisse et on s'use.
4. La vieille avocate exhibe un pont d'équité.
5. Cette vieille bête entame son ultime quinquina.
6. Vous parlez du trou de Sécu, avec ce gros qui travaille dans le foncier !
7. Achète, que je rie !
8. Allons, mes filles, ne cousez pas les robes !
9. Boude pas, c'est pas ton genre !
10. Ces soupers manquent de pains.
11. Elle est folle de la messe !
12. La cuvette est remplie de bouillon.
13. Les rites sont un bien nécessaire.
14. Yannick Noah a un tennis prévisible.

24 CHOSES que vous seriez prêts à faire plutôt que de devoir retourner au bureau

Ça vous a pris quelques semaines ou quelques mois, mais maintenant vous l'aimez à la folie, votre statut de retraité. La preuve, si on vous demandait de retourner bosser, vous seriez prêts à tout ça pour ne pas y aller.

1. Traverser le couloir tous les soirs pieds nus en marchant sur les *LEGO*® de vos petits-enfants.
2. Faire un Lille-Toulouse à côté de quelqu'un qui mange des chips la bouche ouverte non-stop.
3. Aller à un concert de hard rock.
4. Vous cogner volontairement le petit doigt de pied sur un meuble tous les matins au réveil.
5. Acheter des préservatifs XXS.
6. Rouler une pelle à Nadine Morano.
7. Dormir nu dans la couverture douteuse d'une chambre d'hôtel encore plus douteuse.
8. Manger une boîte entière de Mon Chéri.
9. Mettre des rideaux en dentelle à vos fenêtres et un carrelage coucher de soleil dans la salle de bains.
10. Vous faire tatouer la tête de votre ancien patron dans le dos.
11. Mettre de l'eau dans un verre d'Henri Jayer Richebourg Grand Cru, le vin le plus cher du monde en 2015, un Bourgogne négocié en moyenne à 12 000 euros la bouteille.
12. Ne plus jamais toucher à une goutte d'alcool.

13. Battre le record du plus gros mangeur de boudin détenu en France par Raymond Reiné qui en a ingurgité 1,5 kg en quinze minutes.
14. Passer toutes vos vacances à Dunkerque.
15. Mettre la même petite culotte quatre jours de suite.
16. Manger la crotte de nez d'un inconnu désigné au hasard.
17. En prendre une à vous, la coller au-dessus de votre lèvre et aller faire un petit coucou à vos anciens collègues.
18. Payer les impôts de votre pire ennemi.
19. Repasser votre bac.
20. Et les chaussettes de tout le quartier.
21. Porter des chaussettes à doigts de pieds séparés.
22. Lécher une cuvette de toilettes d'aire d'autoroute.
23. Mettre un vent à Carole Bouquet ou à Robert Redford.
24. Manger du pain mouillé.

30 CHOSES qu'un retraité doit impérativement avoir

Pour être heureux, être à la retraite c'est un bon début. Mais ça aussi, ça aide.

1. Une famille à choyer.
2. Des copains qui ont des maisons de vacances.
3. Une santé de fer.
4. Un bon médecin, en cas de pépin.
5. La satisfaction du devoir accompli, un devoir qui a quand même duré quarante ans.
6. L'envie de croquer la vie à pleines dents.
7. Une liste de rêves à réaliser.
8. Le souvenir des belles choses.
9. De la reconnaissance pour les jeunes générations qui payent sa retraite.
10. Un boulanger à tomber.
11. Un rituel du matin qui fait du bien.
12. L'application Skype pour garder le lien avec les enfants dispersés un peu partout.
13. Une bonne mutuelle.
14. Des chaussons confortables.
15. L'envie d'avoir envie.
16. Un bel agenda.
17. Une boîte à outils bien garnie pour dépanner les enfants.

18. L'objectif de faire chaque jour dix minutes de gym au saut du lit.
19. De l'humour à revendre.
20. Une chemise propre, même s'il a prévu de ne pas sortir aujourd'hui.
21. La carte senior SNCF.
22. Des albums photo à jour.
23. De l'apéro au frais pour les copains qui passent.
24. Des mots réconfortants pour ceux qui ont encore quinze ans à travailler.
25. Un logiciel de comptes pour maîtriser son budget.
26. Beaucoup de disponibilité pour ses petits-enfants (s'il a la chance d'en avoir).
27. Des bonbons dans une boîte quand ils viennent.
28. Un dos solide pour les prendre dans les bras.
29. La conviction qu'il vit la plus douce période de son existence.
30. Le *Guide de survie des jeunes retraités*, chef d'œuvre paru chez Leduc.s.

LES 3 CHOSES qu'on veut vous dire avant de prendre congé

Jeunes retraités, nous voudrions vous transmettre un dernier message, avant que vous rangiez ce livre dans les tréfonds de la bibliothèque ou des W.C., que vous le donniez à votre femme de ménage (si vous ne l'avez pas licenciée) ou que vous l'entassiez dans le carton du prochain vide-greniers.
Pardonnez-nous notre humour souvent grinçant et nos caricatures outrancières. Peut-être avez-vous souri au fil des pages, peut-être vous êtes-vous reconnu au détour de quelques listes : ce serait la plus belle récompense pour un travail acharné, une documentation méticuleusement compilée et analysée et des centaines d'interviews menées depuis plusieurs années.

1. MONTEZ DANS UN AUTRE TRAIN
Vous êtes définitivement descendu du train de la vie professionnelle. Plus ou moins consentant, plus ou moins pressé, plus ou moins soulagé. Vous avez vu ce train s'éloigner alors que vous restiez sur le quai. Vos collègues vous ont fait de grands signes, ça vous a pris les tripes parce que vous étiez convaincus qu'ils repartaient sans vous et que vous, vous étiez définitivement à l'arrêt. Mais réfléchissez : en disparaissant de leur champ de vision, c'est au contraire vous qui avez avancé, vous qui avez pris un autre train, un train dans lequel vous allez pouvoir vous inventer une existence nouvelle. C'est grisant et inquiétant à la fois car, depuis votre adolescence, on ne vous avait plus demandé ce que vous vouliez faire de votre vie et votre activité professionnelle avec ses journées toutes tracées

avait quelque chose de bien confortable. Cette fois, vous allez, librement, sereinement, décider de votre futur.

1) PRENEZ (OU PAS) VOTRE TEMPS

Faites comme vous le sentez pour organiser le début de votre retraite. On dit bien : LE DÉBUT. Car vous avez entre 60 et 65 ans et l'espérance de vie en France a gagné au cours des soixante dernières années quatorze ans de vie en moyenne. Donc, cette période de cessation récente du travail, qui vous découvre en pleine forme, peut être vécue très différemment selon les tempéraments. Besoin de conserver un rythme soutenu ? Vous choisirez sûrement sans attendre un engagement dans le bénévolat ou la continuation d'une activité professionnelle. Besoin de souffler et de réfléchir ? Pas de précipitation, vous avez l'occasion, enfin, de prendre votre temps pour vous interroger et vous documenter. Un seul impératif : ne pas s'isoler, conserver et multiplier les liens sociaux, car ils contribueront à votre bien-être personnel et vous permettront d'y voir plus clair dans vos souhaits et vos objectifs. Pour répondre à la seule question qui compte : qu'est-ce que je veux être ? (et non pas : qu'est-ce que je veux faire ?)

2. LEVEZ-VOUS, RETRAITÉS !

Cette incantation ne vient pas vous reprocher de sortir du lit trop tard le matin, elle vous encourage à porter fièrement la bannière de votre nouveau statut. Évitez de vous décrire comme « ne travaillant plus » : cette expression résonne de manière péjorative dans une société où l'individu se définit encore prioritairement par son activité professionnelle. Les jeunes, eux, évoluent à ce sujet en défendant cette notion du « travail, mais pas que ». Vous ne passez plus effectivement l'essentiel de votre temps dans une entreprise et vous pouvez en être fier. Fier de l'avoir

fait et fier de pouvoir consacrer une énergie intacte à d'autres activités, fier comme plus de 30 % des retraités de vous consacrer au bénévolat, fier de vous occuper de vos petits-enfants, fier de bricoler, de voyager, de transmettre vos compétences et votre expérience. Oui, vous êtes des baby boomers, oui, vous avez enchanté vos parents et les statistiques de natalité d'après-guerre. Aujourd'hui, ne vous excusez pas, vous avez l'âge (plusieurs fois reculé) de passer à autre chose.
Alors, revendiquez haut et fort : retraités et fiers de l'être !
BONNE RETRAITE À TOUS !

7 PETITS TEXTES à lire en sirotant votre apéro

Passage à la retraite

1. Sortie de placard

Il y a eu du bruit dans le bureau d'à côté, des gens ont bougé, discuté, remué des meubles. Je n'avais pas entendu une telle agitation depuis cinq ans. J'ai eu un peu peur, ces dernières années m'ont rendu très sensible à tout changement d'atmosphère que j'apparente à une nouvelle menace. J'ai respiré très fort et j'ai repris mon travail avec encore plus d'acharnement. Surtout, ne pas se laisser perturber. D'une main, j'ai saisi rapidement une liasse de vingt feuilles que j'ai glissée dans la perforatrice et j'ai appuyé très fort. « Chachclak », du beau travail propre et net. Les vingt feuilles trouées à gauche dans la corbeille et vingt autres prestement attrapées à droite au sommet de la pile de 1,70 m qui surplombe mon petit bureau. J'ai bien essayé trente feuilles d'un coup. La trouilloteuse les accepte dans sa mâchoire mais l'opération de perçage m'oblige à me mettre debout pour peser de tout mon poids sur l'appareil et le résultat est médiocre : les trous sont imparfaits, effilochés et les feuilles trop compressées s'abîment quand je les extrais. Depuis cinq ans, mon travail consiste à perforer avec application des liasses de vingt feuilles de format A4, en compagnie d'un aspirateur et d'une serpillière à qui il m'arrive de me confier. Au moment d'appuyer de nouveau sur la perforatrice, la porte s'ouvre et une lumière crue me fait cligner des yeux.
« Venez, Chombier, on vous a préparé une petite surprise ». Fruchard, le directeur marketing, s'est encadré dans

l'ouverture et je distingue derrière lui d'autres collègues que je ne reconnais pas, sur la pointe des pieds, cherchant à m'apercevoir. J'hésite, angoissé, et je me lève lentement. « Allez, mon vieux, dépêchez-vous, tout le monde vous attend. Dites donc, faudrait penser à aérer, ça schlingue chez vous ! Oups, c'est vrai, vous n'avez pas de fenêtre ». Et c'est dans un énorme éclat de rire que Fruchard m'empoigne le bras, et m'extirpe de mon réduit en me soutenant sur mes jambes molles. Dans la salle de réunion où je débouche, des gobelets en plastique sont disposés sur une nappe en papier trop courte, avec un bol de chips et une coupelle de cacahuètes. « Surprise, Chombier, votre pot de départ. Eh oui, vous l'avez bien mérité votre retraite ». Ma retraite, je n'y pensais même plus : j'ai perdu, je crois, la notion du temps. « Je ne serai pas long, Chombier. », entame Fruchard. « Plus de trente-cinq ans dans notre entreprise font de vous son plus ancien collaborateur. Une brillante carrière durant laquelle vous avez gravi bien des échelons, jusqu'à la direction marketing, poste que vous avez occupé jusqu'à ce que j'en prenne moi-même la responsabilité. J'ai tout appris de vous, Chombier, et les tâches que je vous ai confiées ensuite ont permis à ce service de profiter de vos compétences affûtées. Je propose d'ailleurs à vos collègues réunis autour de vous d'entonner en votre honneur la chanson de Serge Gainsbourg : *Le Poinçonneur des Lilas.* » Tandis qu'une histoire de petits trous résonne à mes oreilles en m'étourdissant, on me met un verre de vin cuit dans une main, un petit paquet dans l'autre (« Vos collègues vous ont gâté. ») en même temps que Fruchard me pousse vers l'ascenseur. « Passez nous voir quand vous voulez. », conclut-il sobrement en me projetant dans la cabine.

Chez moi, j'ouvre le paquet. J'y trouve une agrafeuse Bostitch grise, 100 % métal avec chargement sur le dessus, et une capacité d'agrafage de 65 mm. Un objet dont la technicité me ravit et que j'ai hâte d'essayer, même si je crains la nouveauté de son fonctionnement. Alors donc, il paraît que je suis en retraite ? Quand je pense que certains ne savent pas à quoi l'occuper, me dis-je, en refermant derrière moi la porte du placard à balais.

2. Fonctionnaire malgré moi*

« Non, Madame, je vous assure que je n'ai pas travaillé à la Trésorerie Générale de l'Aisne en 1979 et 1980. J'ai passé ma vie professionnelle dans le privé, et à cette époque, vous le voyez dans mon récapitulatif de carrière, je vendais des maisons individuelles chez Promoconfort où j'ai travaillé de 1975 à 1981. »

La préposée grassouillette chargée de liquider ma retraite se penche de nouveau vers moi avec insistance et pointe le formulaire de l'assurance-retraite :

« Monsieur, vous ne vous en souvenez plus, mais, oui, vous avez travaillé pour la Trésorerie Générale de l'Aisne, c'est écrit : 1er mai – 31 juillet 1979 et 1er juillet – 31 décembre 1980.

– Impossible, j'étais animateur des ventes à Limoges, comment aurais-je pu travailler aux impôts à… à Laon – c'est bien ça ? –, ville où je n'ai jamais mis les pieds ?

– Vous avez fait sûrement des petits boulots pour eux, parallèlement à votre travail dans le privé. Du classement, par exemple, ou des heures de ménage. Vos points de retraite ont été calculés sur la base d'un traitement équivalent aujourd'hui à 411 €, soit 14 points Ircantec. Vous bénéficierez donc d'une retraite du secteur public, plus

* d'après une histoire vécue par l'un des auteurs !

exactement d'un capital qui vous sera versé à l'ouverture de vos droits. »

Un instant, je suis pris de vertige : et si une partie de mon existence m'échappait ? Et si, en proie à un dédoublement de la personnalité et à des pulsions incontrôlables, j'avais parcouru des distances folles depuis Limoges pour aller récurer en costume-cravate les toilettes de la Trésorerie Générale ?

Ma chargée de dossier perçoit mon trouble et ajoute, sur le ton rassurant d'un soignant qui en a vu d'autres : « Vous savez, il n'est pas rare qu'à la fin d'une longue vie de travail, avec de multiples employeurs, on n'ait plus en tête tous ses petits jobs. » Et elle ajoute fièrement : « Heureusement, les relevés de carrière sont là pour avoir de la mémoire ! »

Je rends les armes. Après tout, j'aurais honnêtement signalé ce qui, je veux m'en convaincre, constitue un bug informatique. L'honneur est sauf, voyons voir à présent ce que le généreux secteur public me réserve en récompense de bons et loyaux services jamais rendus.

« Donc, au 1er octobre prochain, date de liquidation de votre retraite, Ircantec vous versera une fois pour toutes un capital s'élevant à 62,13 €. »

Et mon interlocutrice d'enchaîner sur le mode de la confidence : « Figurez-vous que ma belle-sœur a fait toute sa carrière à la perception de Laon. C'est drôle, non ? Josiane Cugnart, ça vous dit quelque chose ? »

Cette nuit-là, je me suis réveillé en sueur après avoir atrocement massacré deux honnêtes femmes de la même famille à coups de dévidoirs à papier et de balais-brosses, dans les W.C. d'une administration picarde.

3. Un conseil : méfiez-vous du golf*

Ne mettez jamais deux golfeurs ensemble, ils sont capables de vous plomber une soirée en jacassant à l'infini de leurs parcours, de leur matériel, de *fairway*, de *green* et de handicap, notions dont tout le monde se fout éperdument, sauf eux. En assénant une logorrhée de termes techniques à consonance anglaise et parfaitement convaincus de la nébulosité de leur propos, ils comptent bien s'attirer allégeance et respect de votre part. Admirez, incultes cancrelats, le golfeur élégant ceint dans son polo Ralph Lauren aux couleurs vives arpentant ces vertes étendues parfaitement entretenues, jardins d'éden que vous ne foulerez jamais et dont la superficie suffirait à construire dix mille logements sociaux. Chiant, snob, riche et arrogant, je hais le golfeur.

C'est donc en proie à une légère réticence que j'ai franchi, tendu, le seuil du *clubhouse* pour prendre mon premier cours. Je n'ai absolument pas envie d'accéder à cet univers, les notions techniques me gonflent d'avance, la balle est ridiculement petite comparée à la bonne grosse duveteuse de mon tennis préféré, mais ma femme m'a offert « le golf pour les nuls » avec cinq séances d'initiation, et le secret espoir de me voir débarrasser le plancher pour occuper ma retraite toute neuve.

La première leçon est une véritable révélation pour moi : j'ai la conviction immédiate que je n'ai aucune facilité pour ce geste exigeant décontraction et souplesse et nécessitant une rotation des hanches formellement refusée par deux lombaires ratatinées. Tandis qu'à côté de moi, les balles fusent au bout de clubs élégamment lancés vers

* Spéciale dédicace au golf de Rouen – la Forêt Verte !

l'avant, je cherche désespérément à comprendre comment on peut toucher une toute petite boule blanche posée par terre avec une surface de frappe grosse comme un timbre-poste.

Aujourd'hui, je n'ai toujours pas trouvé de réponse définitive à cette question, mais j'arpente à mon tour des kilomètres de bois et de campagnes avec pour objectif clairement convenu avec mes compagnons de pousser inlassablement une balle dans un trou en un minimum de coups. C'est très étrange, à plus de soixante ans, de consacrer ses journées à faire voler une petite chose ronde au-dessus de l'herbe. C'est peut-être que parce qu'un départ dans la nature à 8 heures du matin par une belle matinée d'été, c'est simple et beau, deux qualificatifs difficiles à adjoindre à une vie de travail récemment terminée.

Mes partenaires s'appellent Jacques, Patrice, Alain, Jean-Jacques, commercial, médecin, artisan, technicien à la retraite, tous convaincus avant de s'y mettre que ce passe-temps de nantis abrutis et de snobinards ringards ne les contaminerait jamais. Méfiez-vous du golf, plus de 400 000 adeptes, et pas que des retraités, s'y sont laissé prendre en France.

Désormais, à mon tour dans les dîners de captiver mon auditoire par la description de mes parcours, l'amélioration de mon index, et les qualités comparées des golfs de la région.

Occuper sa retraite

Le Forum des Associations : voilà bien le rendez-vous annuel idéal pour un jeune retraité prêt à donner de son temps et de sa personne. Ce dimanche de rentrée, autour des stands, la salle des fêtes bruisse d'une foule d'adhérents et d'animateurs bénévoles. Ça tombe bien, je suis moi-même en quête d'occupations nouvelles.

4. Stand 1 – Les Écolos

« Bonjour, ami, prends place, moi c'est Jean-Georges. »
J'ai bien affaire à un écolo, il n'y a pas de doute : barbe, col roulé beige, sandales nu-pieds en chaussettes et pochette molle à fermeture Éclair sur le ventre.
« Alors comme ça, tu es nouvellement à la retraite ? Et bien, si tu rejoins notre "assosse", je peux te certifier que tu vas occuper ton temps utilement.
– Alors, dites-moi, en quoi consistent au juste vos activités ?
– Bon, si tu veux, nous, on se situe en aval de la COP21 et du protocole de Kyoto pour la réduction des gaz à effet de serre. Ce qui nous interpelle, ici, c'est la biodiversité dans son ensemble car tu n'ignores sûrement pas la phrase de Saint-Exupéry : "La terre ne nous appartient pas, elle nous est prêtée par nos enfants". Bien sûr, on a soutenu les camarades de Notre-Dame-des-Landes, ceux qui militent pour la fermeture de Fessenheim, mais on n'oublie pas pour autant de promouvoir la cogénération, la bioamplification, le commerce équitable et les toilettes sèches.
– Mais, comment dire, concrètement, vous faites quoi ?
– Notre spécialité, c'est le lombricompostage. Tu vois cette boîte en verre, tu vois les vers de terre ? Sous tes yeux, tu as une sorte d'immeuble sous forme de plateaux superposés. Dans un premier temps, les vers n'occupent qu'un plateau, puis, une fois les déchets transformés en compost, ils changent d'étage grâce aux petits trous aménagés dans les plateaux. Fascinant, non ?
– Et donc, vous... vous vous réunissez pour étudier le comportement des vers de terre ?

– Exactement, trois fois par semaine, nous nous retrouvons pour faire le point sur le boulot des bestioles. Tiens, regarde, celui-ci, c'est Maurice, un sacré bosseur, il te bouffe trente fois son poids par jour, et ici Edmond, un peu feignant Edmond, il bosse quand ça lui plaît, et, justement, là, il roupille, hein mon pépère ? Je peux te dire qu'on les aime tous à l'assosse, ah ça, faut pas toucher à nos bébés. Tu faisais quoi dans la vie ?
– Animateur des ventes dans une PME.
– Et bah tu as sous les yeux une nouvelle équipe à booster, et ceux-là, tu ne les entendras pas revendiquer ! »
Je ne suis pas sûr d'être disposé à consacrer ma vie aux vers de terre, par contre je suis persuadé, que, cette nuit, je n'échapperai pas à un cauchemar abominable : moi présidant une réunion d'énormes lombrics gluants, attentifs à la fixation de leurs objectifs annuels d'ingestion-restitution.

5. Stand 2 – Soutien scolaire

« Bonjour, cher Monsieur, mon nom est Claudine Chenouillard, mère de famille et présidente de l'association. Je vous explique en quoi consiste notre action : nous prenons en charge, le soir après l'école, des enfants de primaire présentant des difficultés scolaires. Il s'agit de les aider dans le travail qu'ils ont à faire à la maison, vérifier qu'ils s'organisent pour la semaine, qu'ils gèrent correctement les plannings et qu'ils respectent bien les consignes de leur instituteur. Nous recherchons des gens comme vous, pour la plupart retraités (bienvenue au club, cher Monsieur !) et disposés à donner de leur temps à des enfants qui ont bien besoin qu'on s'occupe d'eux. Une question préalable : avez-vous déjà pratiqué un sport de combat ? judo, karaté, taekwondo... ? Non... Alors, si vous rejoignez notre équipe de bénévoles, il serait souhaitable que vous vous inscriviez auparavant à l'une de ces activités, toutes les associations sportives sont présentes aujourd'hui, vous n'aurez aucun mal à vous renseigner. Pourquoi ? Voyez-vous, cher Monsieur, ces enfants habitent souvent des quartiers défavorisés dans des immeubles où il n'est pas rare de croiser dans les halls quelques jeunes qui, justement, n'ont pas eu la chance de bénéficier de nos services. L'année dernière, nous avons déploré plusieurs démissions de bénévoles un peu… disons… chahutés alors qu'ils tentaient de se rendre chez leurs petits élèves. Et puis, les parents eux-mêmes ne sont pas toujours d'accord avec les conseils que nos aidants sont amenés à prodiguer. Au printemps dernier, un téléviseur a volé à travers un séjour, une réaction un peu vive d'un parent à une sollicitation de baisser le son pour permettre à l'enfant de se concentrer. Non, les petits en difficultés sont en général dociles, respectueux et reconnaissants de l'aide que vous leur apportez. Il faut seulement se méfier des ciseaux, et surtout des compas quand l'enfant est fatigué et que les exercices sont difficiles. C'est un service, vous l'aurez compris, qui demande beaucoup de doigté et de psychologie. Le club de taekwondo ? C'est la deuxième allée sur la droite. Dites-leur que vous venez de ma part, ils vous feront des conditions spéciales. Alors, à tout à l'heure, cher Monsieur. »

6. <u>Stand 3 – Club service</u>
Je suis Quitterie de la Brocardière, présidente cette année, et voici l'un de nos membres éminents, Marcel Framiche (vous savez, les pains de mie, « les yeux fermés, la miche, c'est Framiche », eh bien oui c'est lui !). Vous connaissez sûrement les valeurs qui nous animent : réunir les talents et les compétences, s'ouvrir aux autres, créer du lien et

de la fraternité, participer à des actions pour soutenir de grandes causes. Et, condition essentielle à la cohésion et au dynamisme de notre club : nous réunir. Voyez plutôt notre agenda : tous les jeudis, apéritif à 19 h 30. Le premier et le troisième mardi de chaque mois : dîner (inclus dans la cotisation), à noter qu'en ce cas, l'apéritif du jeudi d'après n'a pas lieu. Le deuxième jeudi, un mois sur deux à partir de février : dîner avec les conjoints (qui règlent leurs repas). Les dîners sont accompagnés d'exposés sur des thèmes divers, présentés par des membres du club ou des personnalités extérieures invitées. Mardi dernier, Marcel nous a parlé des nouveaux processus de cuisson de la pâte à pain au regard des réglementations d'hygiène dans l'industrie alimentaire, encore bravo, Marcel, c'était tout bonnement passionnant. Lors du prochain repas, qui aura lieu, si vous m'avez bien suivi, le... ? le... ? le mardi 4 octobre, c'est ça, nous recevrons Jean-Georges Drugnon et sa boîte à vers de terre qui nous expliquera les tenants et les aboutissants de la fabrication du compost, moi, personnellement, ça me dégoûte, surtout à table, mais bon, nous abordons tous les sujets sociétaux et environnementaux. Ajoutez à cela la réception des clubs étrangers, les soirées de liaison avec les six autres clubs de la ville, les dîners réservés aux conjoints de nos camarades disparus, les déjeuners des membres du bureau, et les brunchs de liaison interrégionaux et vous comprendrez qu'être membre d'un club service comme le nôtre nécessite beaucoup d'engagement personnel et une grande disponibilité. Nos actions caritatives ? Eh bien, cette année, grâce à notre vente annuelle de muguet, nous avons accompagné Kevin, un jeune méritant de la cité des 12 000, jusqu'à son C.A.P. de charcutier traiteur. Permettez-moi de vous inviter au cocktail déjeunatoire de la semaine prochaine, entièrement préparé par notre petit protégé. L'occasion pour vous de rencontrer tous les membres du club, avant, pourquoi pas, de rejoindre nos effectifs. Sachez que nous y mettons deux conditions : vous devez être parrainé par l'un d'entre nous qui sera garant de votre honorabilité et de votre respectabilité, et si votre candidature est retenue, nous vous demanderons un certificat médical attestant que vous n'êtes contraint à aucun régime alimentaire. Alors, à la semaine prochaine ?

7. Stand 4 – Poupées vaudou (ça y est, j'ai trouvé !)
Permettez-moi de me présenter, mon nom est Mamadou M'Diallo. Vous connaissez sûrement le principe des poupées vaudoues ? Une figurine à l'effigie d'une personne de votre choix, une aiguille à enfoncer, et la personne représentée reçoit immédiatement une sensation sur la partie du corps piquée, quelle que soit la distance. Avec quelques camarades, nous avons voulu remettre au goût du jour cette sympathique tradition qui remonte à l'Antiquité et dont on a tendance à oublier l'efficacité. C'est pourtant une formidable façon de mêler l'utile à l'agréable. L'agréable ? Nous fabriquons ensemble des statuettes en chiffon bourrées de paille, sur photos ou souvenirs, une technique très particulière nécessitant beaucoup de méticulosité, d'adresse et de sens artistique. L'utile ? Eh bien, c'est tout simple : vous pouvez transmettre anonymement un petit message de protestation à ceux qui vous ont gâché la vie ou qui vous empêchent aujourd'hui d'en profiter pleinement. Vous venger ? Non, je n'irai pas jusque-là, juste une façon inoffensive de marquer une désapprobation, un agacement ou une légère rancœur. La réglementation ne nous autorise d'ailleurs pas à utiliser de

grosses aiguilles, trop dangereuses, nous n'enfonçons que de fines épingles pour éviter des dommages irréversibles. Si cela fait mal ? Est-ce que la décharge électrique d'une clôture à vaches fait mal ? Non, elle surprend, voilà tout. Je vous rassure, c'est sans conséquences, mais, disons-le tout net, extrêmement perturbant pour les sujets visés par nos manipulations. On ne va tout de même pas pleurer sur leur sort, ils l'ont tous mérité au terme de délibérations internes menées avec la plus grande objectivité par nos adhérents. Vous voyez d'ailleurs exposés sur la table quelques exemples de poupées fabriquées et expérimentées l'année dernière avec beaucoup de succès : énormément de voisins bruyants, un certain nombre d'agents du fisc tatillons, quelques concierges acariâtres, ici un contrôleur de la SNCF particulièrement borné, trois belles-mères envahissantes, là un rival amoureux (très classique), ainsi qu'une quantité de prospecteurs téléphoniques en mutuelles, isolation thermique et réseaux de téléphonie portable.
Mais bien sûr que nous faisons les anciens patrons et collègues ! C'est même le cœur de nos activités car de nombreux jeunes retraités comme vous rejoignent chaque année nos rangs et apprécient, comment dire, de « revenir sur leur carrière » de cette manière.
Vous êtes disponibles immédiatement ? Eh bien, je me réjouis de vous voir si motivé et impatient de vous associer à nos activités. Des clous, des pieux, une perceuse à percussion ? Non, on se calme, n'apportez rien de tout ça, le matériel est fourni. Avant notre première réunion, n'oubliez surtout pas de dresser la liste de vos agacements, de vos petites rancunes, de tous les sentiments d'injustice ressentis durant votre carrière professionnelle,

avec le nom de ceux qui vous ont pourri la vie pendant quarante ans.
Vous avez tout en tête, me dites-vous ?
Décidément, je sens que nous allons faire un long, très long parcours ensemble, cher nouvel adhérent...

Achevé d'imprimer en Espagne
par Novoprint
Dépôt légal : février 2016